わかりあえないことから
コミュニケーション能力とは何か

平田オリザ

講談社現代新書
2177

まえがき

世の中では、「コミュニケーション能力」あるいは「コミュニケーション教育」という言葉が、いささかヒステリックなほどに使われ続けている。

本文中でも触れるが、企業の人事採用では、年を追って「コミュニケーション能力」が求められるようになってきている。しかし、「では、御社の求めているコミュニケーション能力とは何ですか？」と問い返して、きちんとした答えが返ってくることは少ないように思う。

世間では、ただ漠然と「コミュニケーション能力」が、やみくもに求められている。

いったい、人びとは、そこに何を欲しているのだろうか？

中高年の管理職たちは、近頃の若者はコミュニケーション能力がないと嘆いている。

はたして本当にそうなのだろうか？

学校の先生方や親たちは、子どもの気持ちがわからないと嘆く。

何が問題なのだろうか？


この本は、コミュニケーション教育の勧めではないし、ましてこの本を読んで、コミュニケーション力がつくといったハウツー本でもない。

本文の大半は、講談社のPR誌「本」に、一年間連載を続けていたときのものだが、その連載時から私は、コミュニケーション教育に直接携わる者として、そこに感じる違和感を中心に書き進めてきた。

ロジカル・シンキング、クリティカル・シンキング、グローバル・コミュニケーション・スキルといった言葉が躍る昨今の状況に、はたしてそれだけで大丈夫なのかという劇作家としての直感を元に本書は構成されている。

また文中では、コミュニケーションにおける無駄（ノイズ）の大切さや、学校の授業は「メチャクチャに教えた方がいい」といった主張が、アンドロイドの話や演劇の話題、そして国語教育や日本語教育についてといった一見バラバラなトピックの中にちりばめられている。

まさに、メチャクチャに、ノイズを含んで、この本は構成されている。文中、適宜、「第○章」にも書いたがという形でつながりは示しているつもりなので、ご容赦いただきたい。

本書は、題名を『わかりあえないことから』とした。日本のコミュニケーション教育は、あるいは従来の国語教育でも、多くの場合、それは「わかりあう」ことに重点が置かれてきたように思う。私は、その点に強い疑問を持っている。

わかりあえないところから出発するコミュニケーションというものを考えてみたい。そして、そのわかりあえない中で、少しでも共有できる部分を見つけたときの喜びについても語ってみたい。

たとえば海外の、英語も通じない旅行先で、六ヵ国語会話帖（いまは電子辞書だろうが）をめくりながらレストランでの注文を行い、自分の希望したメニューが、どうにかやってきたときの喜び。あるいは、それは自分の希望とは多少違っていても、思いのほか、美味しかったときの嬉しさ。

私はコミュニケーションの難しさと楽しさは、存外、そんなところにあると思っている。存外、その程度だと思っている。本書では、この「その程度のこと」を、長々と書き連ねていきたいと思っている。

目次

第一章　コミュニケーション能力とは何か？

コミュニケーション教育

二〇一一年六月某日、富良野市立布部《ぬのべ》小学校。

夕張山系の懐にある布部小は、全校生徒一一名、そのうち五名が外国籍の生徒という多文化共生社会の最先端を行くような学校だ。

外国籍の子どもの内訳は、アメリカ人二名、スイス人二名、シンガポール人とのハーフが一名。肌の色や瞳の色はそれぞれ違うが、みな、日本語を、ほぼ不自由なく話す。

今日はこの一一人と、半日かけて演劇を使った国語の授業をするのだ。

「六月でこの暑さは珍しい」と富良野の方たちは言うけれど、東京から来た私には、開け放たれた窓から入ってくる風が心地よい。

現在、こういった形で、芸術家が学校現場に入っていく活動が全国に広がっている。二〇一〇年度からは、「コミュニケーション教育推進事業」という名で約二億円の予算がつき、試行段階だが、全国二九二校の小中高等学校で、実際に俳優や演出家、ダンサーなどが出向いていき、直接、身体や言葉を使ったコミュニケーション教育を進めてきた。その後も、少しずつ規模を拡大して、この事業は継続している。

民主党の教育政策の中枢を担う鈴木寛元文部科学副大臣は、この施策を予算二〇〇億円まで伸ばして、希望する全国すべての教育機関で実施できるようにしたいと考えている。この行財政の厳しい折に、そんな予算がつくものかと思われるかもしれないが、お隣の韓国では、すでに二〇〇九年度で六二五億ウォン（＝約四四億円）の予算をつけて、ほぼ六割の小中学校でこの施策を実施している。

シンガポールも同様の教育を始めていて、この分野においてもアジアの先進国の中で日本だけが明らかな後れをとっているのだ。

「コミュニケーション能力」が求められている

日本でも、「コミュニケーション教育」という言葉が叫ばれて久しい。

昨今はもう、いささかヒステリックなほどに、どこに行ってもコミュニケーションの必要性が喧伝される。

たとえば、企業の人事担当者が新卒採用にあたってもっとも重視した能力について、二五項目のうちから五項目を選んで回答するという日本経団連の経年調査では、「コミュニケーション能力」が九年連続でトップとなっている。二〇一二年では、過去最高の八二・六パーセント。ここ数年は二位以下に、二〇ポイントもの差をつけている。

ちなみに「語学力」は、ここ数年、六パーセント前後である。

それほどに企業がコミュニケーション能力を望んでいるのだとすれば、就職率を最優先する大学ならば、カリキュラムについて抜本的な改革を行わなければならなくなるだろう。計算上は、週に一時間英語を教えるとすれば、週に一〇時間以上は「コミュニケーション」について教えなければならないことになる。

と、これは極端な物言いだが、それほどに学校教育の内容と、企業の要求がずれてきているのだ。もちろん、大学が企業の要求にすべてあわせて人材を育成しなければならないと言っているわけではない。大学の役割は、たしかに他にもあるだろう。しかし、社会の要請に応じて、教育のプログラムも変わっていくべきなのだが、それがまったくなされていないことは、やはり大きな問題だ。

少なくとも、たとえば、語学だけができても、望む企業には就職できないという現実がここにある。実際には、語学のできる学生とコミュニケーション能力の高い学生というのは多少の相関性があるから、やはり語学のできる学生は就職に強いわけだが、もしも語学しかできない学生というのがいると仮定すれば、おそらくその学生は、本人は国際的な企業への就職を望んでも、語学学校の先生くらいしか就職口がないことになる。

コミュニケーション能力のダブルバインド

ではしかし、企業がこうも強く要求している「コミュニケーション能力」とは、いったい何だろう？

就活まっただ中の学生たちに聞いてみても、かえってくる答えはまちまちだ。

「きちんと意見が言えること」

「人の話が聞けること」

「空気を読むこと」

結論から先に言ってしまえば、いま、企業が求めるコミュニケーション能力は、完全にダブルバインド（二重拘束）の状態にある。

ダブルバインドとは、簡単に言えば二つの矛盾したコマンド（特に否定的なコマンド）が強制されている状態を言う。たとえば、「我が社は、社員の自主性を重んじる」と常日頃言われ、あるいは、何かの案件について相談に行くと「そんなことも自分で判断できんのか！　いちいち相談に来るな」と言われながら、いったん事故が起こると、「重要な案件は、なんでもきちんと上司に報告しろ。なんで相談しなかったんだ」と怒られる。このような偏ったコミュニケーションが続く状態を、心理学用語でダブルバインドと呼ぶ。

現在、表向き、企業が新入社員に要求するコミュニケーション能力は、「グローバル・コミュニケーション・スキル」＝「異文化理解能力」である。ＯＥＣＤ（経済協力開発機構）もまた、ＰＩＳＡ調査などを通じて、この能力を重視している。この点は、本書でもあとで詳しく触れる（第八章）。

「異文化理解能力」とは、おおよそ以下のようなイメージだろう。

異なる文化、異なる価値観を持った人に対しても、きちんと自分の主張を伝えることができる。文化的な背景の違う人の意見も、その背景（コンテクスト）を理解し、時間をかけて説得・納得し、妥協点を見いだすことができる。そして、そのような能力を以て、グローバルな経済環境でも、存分に力を発揮できる。

まぁ、なんと素晴らしい能力であろうか。これを企業が求めることも当然だろうし、私もまた、大学の教員として、一人でも多く、そのような学生を育てて社会に送り出したいと願う。

しかし、実は、日本企業は人事採用にあたって、自分たちも気がつかないうちに、もう一つの能力を学生たちに求めている。あるいはそのまったく別の能力は、採用にあたってというよりも、その後の社員教育、もしくは現場での職務の中で、無意識に若者たちに要求されてくる。

日本企業の中で求められているもう一つの能力とは、「上司の意図を察して機敏に行動する」「会議の空気を読んで反対意見は言わない」「輪を乱さない」といった日本社会における従来型のコミュニケーション能力だ。

いま就職活動をしている学生たちは、あきらかに、このような矛盾した二つの能力を同時に要求されている。しかも、何より始末に悪いのは、これを要求している側が、その矛盾に気がついていない点だ。ダブルバインドの典型例である。パワハラの典型例とさえ言える。

なぜ、引きこもるのか

私はいま、本務校の大阪大学で、ロボットを使った演劇作品を創っている。その記念すべき第一作『働く私』は、ニートのロボットの話だった。働くために作られたはずのロボットが働けなくなり、そのこと自体に悩むという設定の短編戯曲だ。

戯曲の執筆にあたって、この研究のパートナーである天才ロボット博士石黒浩先生に、実際に、このようなことが起こるかどうかを、あらかじめ確認した。

石黒先生の答えは、「未来においては、十分にありうる」というものだった。

現在でも、内容の異なるコマンドを矢継ぎ早に出せば、コンピューターはあっけなくフリーズする。未来の、すぐれた人工知能を搭載したロボットなら、おそらく簡単にはフリーズをせずに、「働かない」という状態になることも、十分に予想できると言うのだ。

私の劇団の演出部に、岩井秀人という劇作家がいる。たいへんな才能の持ち主で、二〇一一年度にはテレビドラマのすぐれたシナリオに贈られる向田邦子賞を受賞した。いまでこそ、劇作家として日の出の勢いの岩井君だが、彼は一六歳から二〇歳まで引きこもっていて、家から一歩も外に出られない状態が続いた。

その岩井君が『働く私』を観に来たので、石黒先生から聞いた先の話をしてあげたら、「うちがまさにそうでした」と言う。彼の家では、典型的なダブルバインドのコミュニケーションが頻繁に行われていて、「まぁ勉強なんてできなくっても、身体だけ丈夫ならいいんだから」と言われながら、通信簿を持って行くと、「何だ、この成績は！」と突然怒られるような環境で育ったのだそうだ。

現在、この「ダブルバインド」は、統合失調症の原因の一つとも考えられている（これはあくまでも仮説だが）。このような環境に長く置かれると、多くの人が、「操られ感」や「自分が自分でない感覚」「乖離感」などを感じるようになると言う。その結果として引きこもりなどが起きやすくなる。

いま、日本社会は、社会全体が、「異文化理解能力」と、日本型の「同調圧力」のダブルバインドにあっている。

一つの小さな家庭の中でも、ダブルバインドが繰り返されれば、それが統合失調症や引きこもりの原因となる。だとすれば、社会全体がダブルバインドの状態にあるいまの日本で、ニートや引きこもりが増えるのは当然ではないか。いや、そのような個別具体の現象面だけではなく、日本社会全体が内向きになっているとされる理由も、おそらくはここにある。

日本社会全体が、コミュニケーション能力に関するダブルバインドが原因で、内向きになり、引きこもってしまっている。

単語で喋る子どもたち

私は、このダブルバインドは、子どもの成長過程で、長い時間をかけた形でも行われてきたと考えている。

少し遠回りな説明になるが、表現教育の現場が抱える問題として、いくつかの角度からこの点を考えてみたい。

日本でも、この一〇年、二〇年、表現教育、コミュニケーション教育ということが、やかましいほどに言われてきた。しかし、どうも私たち表現の専門家の側からすると、日本のこれまでの表現教育というものは、教師が子どもの首を絞めながら、「表現しろ、表現しろ！」と言っているようにしか見えない。そういう教員は、たいていが熱心な先生で、周りも「なんか違うな」と思っていても口出しができない。

私は、そういう熱心な先生には、そっと後ろから近づいていって肩を叩いて、「いや、まだ、その子は表現したいと思っていませんよ」と言ってあげたいといつも感じる。

この点が、現在の日本の表現教育が抱える一番の問題点ではないかと私は思っている。いまどきの子どもたちをどう捉えるかの、大事な観点がここにある。

私は一九六二年生まれ、高度経済成長のまっただ中で生まれ育った世代だ。身体には競争原理が、自分でもいやになるほど染みついている。それに比して、いまの子どもたちは、もはや競争社会には生きていない。それは決して悪いことではない。いいことばかりとも言えないけれど、私はどちらかと言えば、「それも悪くないんじゃない」と思っている。第一、日本の社会自体が、すでに成長の止まった社会なのだから、人を蹴落としてまで出世しようとする考え方よりは、限られた富をいかに分配して持続可能な社会を作っていくかを考えた方が、社会全体にとってはいいはずなのだ。

私は、いまの日本の子どもたちが、コミュニケーション能力が低下しているとは考えていない。この点はあとで詳しく記すが、もちろん、では問題がないかというと、そうでもない。

まずその一点目が、コミュニケーションに対する意欲の低下という問題だ。

いまの子どもたちは競争社会に生きていないから、コミュニケーションに対する欲求、あるいは必要性が低下しているのではないか。

私はこのことを、「単語で喋る子どもたち」という言葉で説明してきた。

昨今、小学校の高学年、あるいは中学生になっても、単語でしか喋らない子どもが増えている。喋れないのではない。喋らないのだ。

そもそも子どもは、幼児期には単語でしか喋らない。それが成長するにつれて、他者と出会い、単語だけでは通じないという経験を繰り返し、「文」というものを手に入れていく。この言語習得の過程が崩れているのではないかという危惧がある。

たとえば、兄弟が多ければ、「ケーキ!」とだけ言ったところで、無視されるのが関の山だろう。しかしいまは少子化で、優しいお母さんなら、子どもが「ケーキ」と言えば、すぐにケーキを出してしまう。あるいは、もっと優しいお母さんなら子どもの気持ちを察して、「ケーキ」と言う前にケーキを出してしまうかもしれない。

子どもに限らず、言語は、「言わなくて済むことは、言わないように言わないように変化する」という法則を持っている。「ケーキ」をどうしたいのかを聞かずにケーキを出してしまっては、子どもが単語でしか喋らなくなってもしかたない。

繰り返すが、単語でしか喋れないのではない。必要がないから喋らないのだ。「喋れない」のなら能力の低下だが、「喋らない」のは意欲の低下の問題だ。

これは一義的には、まず家庭の問題だろう。「ケーキ、ケーキ」と繰り返す子どもには、父親、母親が「ケーキをどうしたいの?」と聞いてあげなければならない。あるいは、「お父さんやお母さんはわかるけど、それじゃあ他の人にはわからないよ」と言ってあげなければならない。

しかしこれは、もはや家庭だけの問題でもない。

学校でも、優しい先生が、子どもたちの気持ちを察して指導を行う。クラスの中でも、いじめを受けるのはもちろん、する方だっていやなので、衝突を回避して、気のあった小さな仲間同士でしか喋らない、行動しない。こうして、わかりあう、察しあう、温室のようなコミュニケーションが続いていく。

あるいは、以下のような問題もある。

全国を回っていると、小学校一年生から中学校三年生まで三〇人一クラス、組替えなしといった地域がたくさんあることに気がつく。こういった環境で、熱心な先生が、表現教育を行おうと張りきって、

「さぁ、今日はスピーチの時間です。太郎君、前に出てきてください。先生もみんなもよく聞いてるからね、三分間、何喋ってもいいですよ」

と言うわけだが、これではスピーチは成立しない。なぜなら、太郎君以外の二九人は、もう太郎君のことをいやというほど知っているから。太郎君も、いまさら話すことなど何もない。少子化がボディブローのように効いて、子どもたちから表現への意欲を奪ってい

く。

表現とは、他者を必要とする。しかし、教室には他者はいない。

わかりあう、察しあうといった温室の中のコミュニケーションで育てられながら、高校、大学、あるいは私の勤務先のように大学院生になってから、さらには企業に入ってから、突然、やれ異文化コミュニケーションだ、グローバルスタンダードの説明責任だと追い立てられる。

繰り返す。子どもたちのコミュニケーション能力が低下しているわけではない。しかし年々、社会の要求するコミュニケーション能力は、それを上回る勢いで高まっていっている。教育のプログラムは、それについて行っていない。

子どもたちは、このギャップを敏感に感じ取り、大人になることを嫌がってしまう。もちろん、大多数の子どもたちは、どうにかそこは折りあいをつけてうまくやっていくのだろう。しかし、少し心の弱い子は、引きこもってしまったり、ニートになってしまったり、あるいは心を病んでしまったりする。それらは決して、その子の努力が不足していたとは言いきれない側面が多々ある。だって、優しい先生も、優しいお母さんも、異なる意見を持った人とうまくつきあっていく方法なんて誰も教えてくれなかったのだから。みんなわかってくれたのだから。

そのような環境で子どもを育ててしまった以上は、その子どもたちが「どうして、みんなわかってくれないの？」と感じてしまうことを、単純に甘えだと切り捨てることはできないだろう。

これもまた、時間を経た「ダブルバインド」とは言えまいか。

伝えたいという気持ち

私たち言語の教育に関わる者は、子どもの表現力をつけるという名目のもと、スピーチだ、ディベートだといろいろな試みを行ってきた。その一つ一つには、それぞれ意味があり、価値があったのだろう。

しかし、そういった「伝える技術」をどれだけ教え込もうとしたところで、「伝えたい」という気持ちが子どもの側にないのなら、その技術は定着していかない。では、その「伝えたい」という気持ちはどこから来るのだろう。私は、それは、「伝わらない」という経験からしか来ないのではないかと思う。

いまの子どもたちには、この「伝わらない」という経験が、決定的に不足しているのだ。現行のコミュニケーション教育の問題点も、おそらくここに集約される。この問題意識を前提とせずに、しゃかりきになって「表現だ！」「コミュニケーションだ！」と叫んだところで意味はない。

では、どうすればいいのだろうか？

子どもたちを千尋の谷に落とせと言っているわけではない。

おそらく、一番いいのは体験教育だ。障害者施設や高齢者施設を訪問したり、ボランティアやインターンシップ制度を充実させる。あるいは外国人とコミュニケーションをとる機会を格段に増やしていく。とにかく、自分と価値観やライフスタイルの違う「他者」と接触する機会を、シャワーを浴びるように増やしていかなければならない。

ただこれには、予算や人員の制約がある。セキュリティの問題もあって、なかなか子どもたちを簡単に学校の外に出すことはできない。

ここに、演劇、あるいは演劇的な授業の大きな役割がある。

演劇は、常に他者を演じることができる。

実際の体験教育ほどの効果はないかもしれないが、異文化、他者への接触をフィクションの力を借りてシミュレート（疑似体験）することができる。

欧米において、異文化コミュニケーション教育の中核の一つに演劇が位置してきたのも、多くはこの点に依拠すると私は考えている。

そしてもう一点、演劇は、自分を出発点とすることができる。無理に自己を変えるのではなく、自分と、演じるべき役柄の共有できる部分を見つけていくことによって、世間と折りあいをつける術を、子どもたちは学んでいく（この点については、第七章で詳しく述べる）。

「口べた」というハンディ

仕事柄、現代の若者たちのコミュニケーション問題について、たくさんのインタビューを受ける。マスコミは当然、「いまどきの若者のコミュニケーション能力は危機に瀕している」とか、「子どもたちのコミュニケーション能力が急速に低下している」といったセンセーショナルな文言を並べたがる。

しかし、実際には、多くの言語学者、社会学者に聞いても、彼らが良心的な研究者であればあるほど、そういった学問的な統計は出してこない。

もちろん「近頃の若者は、コミュニケーション能力が低下していると思いますか？」といった類の、印象だけを聞くアンケート調査なら、「低下」「著しく低下」といった回答が多く出てくるだろうが、しかしそれを根拠づける学問的統計は、寡聞にして聞いたことがない。

では、いったい、何が問題になっているのだろうか。

私は、現今の「コミュニケーション問題」は、先に掲げた「意欲の低下」という問題以外に、大きく二つのポイントから見ていくべきだと考えている。

一つは「コミュニケーション問題の顕在化」という視点。

もう一つは、「コミュニケーション能力の多様化」という視点。

若者全体のコミュニケーション能力は、どちらかと言えば向上している。「近頃の若者は……」としたり顔で言うオヤジ評論家たちには、「でも、あなたたちより、いまの子たちの方がダンスはうまいですよ」と言ってあげたいといつも私は思う。人間の気持ちを表現するのに、言葉ではなく、たとえばダンスをもって最高の表現とする文化体系であれば（いや、実際に、そういう国はいくらでもあるだろう）、日本の中高年の男性は、もっともコミュニケーション能力の低い劣った部族ということになるだろう。

リズム感や音感は、いまの子どもたちの方が明らかに発達しているし、ファッションのセンスもいい。異文化コミュニケーションの経験値も高い。けっしていまの若者たちは、表現力もコミュニケーション能力も低下していない。

事態は、実は、逆なのではないか。

全体のコミュニケーション能力が上がっているからこそ、見えてくる問題があるのだと私は考えている。それを私は、「コミュニケーション問題の顕在化」と呼んできた。

さほど難しい話ではない。

どんなに若者のコミュニケーション能力が向上したとしても、やはり一定数、口べたな人はいるということだ。

これらの人びとは、かつては、旋盤工やオフセット印刷といった高度な技術を身につけ、文字通り「手に職をつける」ことによって生涯を保証されていた。しかし、いまや日本の製造業はじり貧の状態で、こういった職人の卵たちの就職が極めて厳しい状態になってきている。現在は、多くの工業高校で（工業高校だからこそ）、就職の事前指導に力を入れ面接の練習などを入念に行っている。

しかし、つい十数年前までは、「無口な職人」とは、プラスのイメージではなかったか。それがいつの間にか、無口では就職できない世知辛い世の中になってしまった。

いままでは問題にならなかったレベルの生徒が問題になる。これが「コミュニケーション問題の顕在化」だ。

あるいは、コミュニケーション教育に関する私の講習会に来ていた現役の先生からは、こんな質問を受けたこともある。

「少し誤解を受けやすい表現になってしまいますが、たとえば自閉症の子どもなら、周囲もそのように接しますし、教員も、できる限りのコミュニケーション能力をつけてあげたいと努力します。でも一方で、必ず、クラスに一人か二人、無口な子、おとなしい子がいます。こういった子は、学力が極端に劣るわけでもないし、問題行動があるわけでもない。いままでは、いわば見過ごされてきた層です。そんな子どもたちにも、小学校からコミュニケーション教育を行った方がいいでしょうか？　たしかに、将来、就職とかは、不利になりそうだとは思うのですが……」

これは悩ましい問題だ。

ただ、たとえばこう考えてはどうだろう。

世間でコミュニケーション能力と呼ばれるものの大半は、スキルやマナーの問題と捉えて解決できる。だとすればそれは、教育可能な事柄となる。

そう考えていけば、「理科の苦手な子」「音楽の苦手な子」と同じレベルで、「コミュニケーションの苦手な子」という捉え方もできるはずだ。そして「苦手科目の克服」ということなら、どんな子どもでも、あるいはどんな教師でも、普通に取り組んでいる課題であって、それほど深刻に考える必要はない。これはのちのち詳しく触れるが、日本では、コミュニケーション能力を先天的で決定的な個人の資質、あるいは本人の努力など人格に関わる深刻なものと捉える傾向があり、それが問題を無用に複雑化していると私は感じている。

理科の授業が多少苦手だからといって、その子の人格に問題があるとは誰も思わない。音楽が多少苦手な子でも、きちんとした指導を受ければカスタネットは叩けるようになるし、縦笛も吹けるようになるだろう。誰もがモーツァルトのピアノソナタを弾ける必要はなく、できれば中学卒業までに縦笛くらいは吹けるようになっておこうよ、現代社会では、それくらいの音感やリズム感は必要だからというのが、社会的なコンセンサスであり、義務教育の役割だ。

だとすれば、コミュニケーション教育もまた、その程度のものだと考えられないか。コミュニケーション教育は、ペラペラと口のうまい子どもを作る教育ではない。口べたな子でも、現代社会で生きていくための最低限の能力を身につけさせるための教育だ。

口べたな子どもが、人格に問題があるわけでもない。だから、そういう子どもは、あと少しだけ、はっきりとものが言えるようにしてあげればいい。

コミュニケーション教育に、過度な期待をしてはならない。その程度のものだ。その程度のものであることが重要だ。

産業構造の変化

ただ、この「コミュニケーション問題の顕在化」は、新卒者の就職などに限ったことではない。

製造業に従事する方たちが失職すると再就職が難しいのも、多くの場合、コミュニケーション能力の問題が強く関係している。

いま、日本の労働人口の七割は、第三次産業に就いている。サービス業、人と関わる仕事では、コミュニケーション能力や柔軟性が不可欠だが、製造業に従事してきた方は、この分野が少し「苦手」だ。繰り返し言うが、これは人格の問題などとはまったく関係がない、「音楽が苦手」といった程度の問題だ。しかし現在、「その程度の能力の問題」が、就職の必要条件となっている以上、転職においても、その事情は同様で、だから製造業を失職した方々は、結局、こういった能力が問われない職業に就職先が限られてしまう。

さらに実は、これは製造業に関わる人びととの問題とも限らなくなってきている。

カンヌ国際映画祭で「ある視点」部門審査員賞を獲得した『トウキョウソナタ』（黒沢清監督）という映画をご覧になったことがあるだろうか。香川照之さん演ずるこの映画の主人公は、一流企業の総務課長だったが、リストラの憂き目にあってしまう。いったん企業を離れると、再就職しようにも、典型的な日本の企業人間だった彼は自己アピールの一つもできず、面接にことごとく落ちていく。そして結局この主人公は、妻に内緒でビルの清掃業務に就く。警備員でも清掃員でも、もとより職業に貴賤はないが、しかし職業選択の幅が極端に狭くなってしまうことは、個々人にとっては、やはり不幸なことだろう。

産業構造が大きく変わったにもかかわらず、日本の教育制度は工業立国のスタイルのままではないか。上司の言うことを聞いて黙々と働く産業戦士だけを育てるような教育を続けていては、この問題はどこまでいっても解決はしない。

製造業関連の失職者の再就職難や派遣法の問題は、根本的には、コミュニケーション教育を放棄してきた教育行政の失政だと言えるだろう。その失政のつけを、個々人が払わされる謂れはない。

「コミュニケーション能力がないとされる人間が就職できないのは不当な差別だ」といった論調も現実にある。私はこの心情には強く共感するが、教育の現場にいる人間としては、やはりその主張を全面的に受け入れるわけにもいかない。教育の役割は、社会の要請に応じて、最低限度の生きるためのスキルを子どもたちに身につけさせて世間に送り出すことだからだ。

だから私は、市場原理ともどうにか折りあいをつけながら、この「コミュニケーション問題の顕在化」という事象に向かいあっていきたいと思う。たとえばそれは、以下のような方策だ。

先に掲げた「失政」の、もっとも深い犠牲者となってしまった中高年の製造業従事者に関しては、保護政策として、いわゆる派遣法などを適用せずに、正規雇用を増やしていく。雇用をどうにかして守るために、いままで以上のワークシェアリングを進める必要もあるだろう。そして、運悪く失職してしまった方々には、さらに手厚い雇用保険などの支給策を考えるべきだ。

一方で、いまからでも人生の路線変更が可能な若年層には、小手先の職業訓練ではなく、コミュニケーション教育を徹底して行っていく。たとえばデンマークでは、失業した場合の就労支援は最長六年間だと聞く。おそらく、「手に職をつける」という工業立国における職業訓練とは違い、サービス業中心の社会では、「自分にあった職業」を見つけるのに、たいへんな時間がかかる。そしてそれを見つけるためには、インターンシップなど様々な職業体験の機会を保障し、トライアル・アンド・エラーの繰り返しを許す環境が必要となる。

全国の小中学校を訪れコミュニケーション教育を実施している　写真提供：大阪大学コミュニケーションデザイン・センター

さらに、そのような状態を、できるだけ生み出さないように、初等中等教育で、現代社会に生きるために最低限必要となるコミュニケーション教育を行っていく。

ペラペラと喋れるようになる必要はない。きちんと自己紹介ができる。必要に応じて大きな声が出せる。繰り返すが、「その程度のこと」でいいのだ。「その程度のこと」を楽しく学んでいくすべはきっとある。

慣れのレベルの問題

さて、ではもう一点の「コミュニケーション能力の多様化」とは何だろう。

これは、日本人のライフスタイルが多様化したために、子どもたち一人ひとりも、得意とするコミュニケーションの範疇が多様化しているという現象を指す。

たとえば、二〇年ほど前までは一人っ子は圧倒的に少数派だったが、いまではクラスの二、三割を占めている。おじいさん、おばあさんと一緒に暮らしているかどうか。近所に親戚がいるか。商店街で育ったか、団地で育ったか、セキュリティの厳しいマンションで育ったか。帰国子女も必ずいるだろうし、日本語を母語としない子どもも珍しくはない。

そういったライフスタイルの多様化の中で、たとえば、大学に入るまで、親と教員以外の大人と話したことがなかったという学生が一定数、存在するのだ。あるいは、母親以外の年上の異性とほとんど話したことがないという男子学生も意外なほどに多い。

いま、中堅大学では、就職に強い学生は二つのタイプしかないと言われている。一つは体育会系の学生、もう一つはアルバイトをたくさん経験してきた学生。

要するに大人（年長者）とのつきあいに慣れている学生ということだ。

これもまた、「そんなものは企業に都合のいい人材というだけのことではないか」という批判があることは十分に承知している。私もその批判は正しいと思うが、これが就職活動の現実なのだ。

だとすれば、「そんなものは、慣れてしまえばいいではないか」と私は思う。ここで求められているコミュニケーション能力は、せいぜい「慣れ」のレベルであって、これもまた、人格などの問題ではない。そうであるならば、「就職差別だ」「企業の論理のゴリ押しだ」と騒ぐ前に、慣れてしまえばいいではないか。

私は、自分のクラスの大学院生たちには、常に次のように言っている。

「世間で言うコミュニケーション能力の大半は、たかだか慣れのレベルの問題だ。でもね、二〇歳過ぎたら、慣れも実力のうちなんだよ」

それはそうだろう。就職試験の面接で、

「いや、私は、実はコミュニケーション能力はあるんですが、大人とのコミュニケーションに慣れていないんです」

と言ったところで、誰も聞いてはくれないだろう。

だから大学でも大学院でも、コミュニケーション教育がどうしても必要になってくる。一人っ子で、両親の寵愛を一身に集め、セキュリティの厳しいマンションで育った中高一貫男子進学校の「恵まれない子どもたち」のためにも。

「現場」という幻想から離れる

大学、まして大阪大学の大学院で、演劇によるコミュニケーション教育の実践などをしていると、もちろん風当たりも強い。「遊んでいるだけではないか」「大学院は教養を身につける場ではない」といったご批判だ。さらに、こういった面と向かった批判より始末に負えないのが、「そんなもんは、昔は現場で学んだもんですけどなぁ、ワッハッハッ」といったことを仰る、悪気のない先生たちだ。

「そんなものは現場で……」という発言には、二つの問題が内包されている。

一つは、その「現場」というのが、まさに上意下達のコミュニケーションで成り立っている従来型の組織だという点。たしかにそのようなコミュニケーションは、現場で無理矢理学んでいくしかない類のものだったのだろう。しかし、いま求められているのは、対等な人間関係の中で、いかに合意を形成していくかといった能力なのだから、これはやはり教育の中で、ある程度きちんと体系的に身につけさせていく必要がある。

もう一点は、やはり時代の変化という問題だ。

いま、医者の卵、たとえば二五歳くらいになっても、身近な人の死を一度も経験していないという学生は珍しくない。祖父、祖母が亡くなっても、一緒に暮らしていたかどうかによって感じ方も大きく違うだろう。

身近な人の死を一度も経験したこともなく医者や看護師になるというのは、一般市民からすれば、たしかに不安なことだ。そんなことで患者や家族の気持ちがわかるのだろうかと思ってしまう。ではしかし、その学生を教育する立場の者が、「身近な人の死を経験もせずに医者になんかなれるか！　とっとと経験して来い」と言えるだろうか。いったい、この体験の欠如を、学生個人の責任に帰せるのだろうか。

「現場で云々」という発言は、実はこの「とっとと経験して来い」という無茶な注文と同質なのだ。こうして時代が変わった以上、あるいは、こういった少子化、核家族化の社会を作ってしまった以上、私たちは、これまでの社会では子どもたちが無意識に経験できた様々な社会教育の機能や慣習を、公教育のシステムの中に組み込んでいかざるをえない状況になっている。

もちろん、教室でのコミュニケーション教育だけが、これを補えるものではない。たとえば命の大切さを学ばせるのに一番いいのは、医者の卵たちを一年間ほど、途上国のボランティアにでも放り込むことだろう。そのような新しい「現場」を作っていく以外に道はない。

こういった参加型、体験型の授業を含めた総体を、コミュニケーション教育のプログラムと捉えるべきだと私は考えている。

第二章　喋らないという表現

中学国語の教材

第一章の冒頭で紹介した富良野市立布部小学校での授業。

全校生徒一一人だから、みんなが一緒に授業を受ける。まず一時間目は、スキットと呼ばれる台本を使って、二班に分かれて短い劇を作ってみる。一班六人の台本なので、片方のチームには、先生にも入ってもらう。

使用するのは、私が一〇年前に、初めて中学校の教科書のために書き下ろした『転校生が来る』という台本だ。もともとが中学生向けの教材なので、難しい漢字にはルビが振ってある。低学年の子どもには、上級生が読み方を教えてあげている。複式学級のクラスを教えたことは過去にも何度かある。上級生が下級生の面倒を見ることに慣れているので、ワークショップ型の授業はとてもやりやすい。

ただ、そういった小規模校では、校長先生から必ず次のように言われる。

「うちの学校の子どもたちは伸び伸びしていて、いい子たちなんですが、やはり狭い人間関係の中で育つので進学してからが心配です」

ここにも、演劇という疑似体験の役割が多少なりともあるのかもしれない。

中学校の国語教科書の教材を作ってみないかと誘われたのは、一九九八年。某教科書会社の編集者が、当時私が担当していたカルチャースクールの教室に潜り込んでいて、その何回目かの授業が始まる前に声をかけられたのだったと思う。

その頃私はまだ大学の教員でもなく、ワークショップの主な対象も高校生や一般社会人だった。要するに、初等、中等教育というものに、いまほどどっぷりと浸かっていたわけではなく、はたして中学校の教科書なんてできるのかしらんと思っていた。ただ、実際に、この仕事を引き受けたのには、いくつかの理由がある。

ここ二〇年ほどで、国語教科書への戯曲の掲載量は激減し、現在はほぼゼロに近い状態となっている。演劇界は教科書会社に、「戯曲を掲載してくれ」と言い続けてきたが、では実際に、演劇人が教材や授業のプログラム作りに関わってきたかというといささか心許ない。これでは、社会的な責任を果たしていないのではないかと感じた点が一つ。

もう一つは、戯曲が掲載されなくなったのには、それなりの理由があるのだろうと考えたこと。

現場の先生方や国語教育の専門家に聞くと、原因は主に二つあった。

まず一つは、やりたいのだけれど時間が足りないという声。授業のコマ数が減っていく中で、戯曲の単元を取り上げると、やはりまとまった時間がとられてしまって、他のことができなくなるというのだ。もう一点は、どのように指導していいのかわからないというもの。学芸会なども少なくなり、教員自身の演劇の経験が減ってしまっている。これは、私たち演劇人にとっては危機的な状況だ。

そこで以下のような教材ができないものかと考えた。

・教室でできる
・授業数三コマか四コマで完結する
・舞台装置、照明、音響、小道具、衣装が一切いらない
・全員が参加できる
・しかも、昨今の学芸会の一人一台詞のような悪平等にならない
・楽しい

現場の先生方や国語教育の研究者と議論を重ね、一年以上の試行錯誤を経て、一つの教

材が出来上がった。

教えない勇気

この教材には、先に述べたスキットと呼ばれる三分ほどのテキストが掲載されている。ストーリーは単純だ。朝の学校の教室で、まず子どもたちがワイワイと騒いでいる。そこに先生が転校生を連れてくる。転校生の自己紹介と、生徒から転校生へのいくつかの質問。それから先生は「職員室に戻る」と言って帰ってしまい、生徒と転校生だけが残って会話が続く。

これだけの劇である。

一時間目は、まず、このスキットを班ごとに配役を決めて演じてみる。たいていの学校は一班六人なので、このスキットもあらかじめ、生徒1から生徒4までの四名と、先生と転校生、計六名で構成されている（前もって、五人の班、七人の班などがあることがわかっていれば、人数に応じた専用のプリントを作っていく）。

二時間目は、朝、先生が来るまで何の話をするか、転校生がどこから来たか、どんな自己紹介をするか、転校生にどんな質問をするか、そして先生がいなくなったあとはどんな話をするか、すべて生徒たちに決めさせて、台本を作ってもらう。ワークシートと呼ばれる空欄の多いプリントを配って、そこに生徒たちが台詞を書き込んでいく。

三時間目がその発表。これで授業は終わりだ。

私が作った教材だから、私がモデル授業をすれば、たいていはうまくいく。何よりも現場の先生が驚くのは、授業への参加率が非常に高いという点だ。

いま、東京、大阪のような大都市圏の公立中学校で、中学二、三年生の国語の授業を維持するのは本当に大変だと思う。漢字の書けない子どもから、高校受験の準備も終わってますというような子まで、学力差が著しい。しかし演劇の授業では、普段作文の書けないような子でも、自分の台詞は自分で書く。子どもは誰でも、普段からおしゃべりはしているから、「普段話している話し言葉のままでいいんだよ」と背中を押してあげれば、たいていの子が自分で台詞を書いていくのだ。

一方で、教材を作る過程では、現場の先生方からの批判もあった。私が一番面白いなと思ったご批判は、「これは授業ではないのではないか?」というものだった。「教えるものが何もない」と言うのだ。

私はこの一〇年、全国を回ってモデル授業をしながら、「教えないでください」と言い続けてきた。この授業の一番の眼目は、子どもたちだけで喋っているときと、先生が入ってきたときと、先生はいなくなったのだけれど転校生というちょっとした他者がいるときで、子どもたちの話し言葉のモードが少しずつ変わるという点にある。しかも、その変わり方も子どもたちそれぞれで、先生が入ってくると大きく言葉遣いが変わる子もいれば、あまり変わらない子もいる。そのような話し言葉の多様性に気がついてもらうこと、興味を持ってもらうことが、この授業の一番大切な点なのだ。しかし、従来型の国語の授業のように、「ほら先生が入ってきたんだから、そんな言葉遣いじゃダメでしょう」というある種の言語規範を、あらかじめ一方的にすり込んでしまっては、子どもたちの学びの機会はなくなってしまう。

私が公教育の世界に入って一番に驚いたのも、実はこの点だった。教師が教えすぎるのだ。もうすぐ子どもたちが、すばらしいアイデアにたどり着こうとする、その直前で、教師が結論を出してしまう。おそらくその方が、教師としては教えた気になれるし、体面も保てるからだろう。だいたいその教え方というのも全国共通で、「ヒント出そうか?」と言うのだが、その「ヒント」はたいていの場合、その教師のやりたいことなのだ。

表現教育には、子どもたちから表現が出て来るのを「待つ勇気」が必要だ。しかし、この勇気を培うことは難しい。ただの勇気では蛮勇になってしまう。経験に裏打ちされた自信が「待つ勇気」「教えない勇気」を支える。

フィクションの力

授業で使うスキットの冒頭は、以下の通りである。

＊朝の教室。生徒たちが登校してくる。
　教室はワイワイとうるさい。

生徒4　ねぇねぇ、昨日×××（テレビ番組の名前）見た？
生徒1　見た見た。
生徒3　見てなーい。
生徒4　なんだよ。
生徒3　しょうがないじゃんか、オヤジがナイター見てたんだから。
生徒1　だせー、

生徒2　私も見た。
生徒4　すごかったよねー、
生徒2　まさか、あそこまでやるとはねぇ、

＊話はどんどん盛り上がる。
そこに先生がやってくる。

実はこれは、実際の国語教科書に載っているスキットとは少しだけ違う、普段私がモデル授業で使う自家製のプリントから引用したものだ。たとえば本物の国語教科書では、「だせー」は教科書ではさすがに無理ですと言われて、「つまんなーい」になっている。それでも、これだけ口語に近い形の文言が国語教科書に載ったのは、当時としては画期的なことだった。

私が授業で使うテキストには、さらにいくつかの細かい工夫が施されている。たとえば、なぜ最初の発話者が「生徒4」なのか。

中学生は思春期のまっただ中で、とにかく恥ずかしがり屋である。日本の中学生は、演

劇を創ったり発表したりする授業にも慣れていない。だから、最初の登場人物を「生徒1」にしておくと、誰も「生徒1」をやりたがらず、配役を決めるのだけで、とても時間がかかってしまう。ところが「生徒4」が最初の登場人物になっていると、みんな、なんだかよくわからなくなってジャンケンで決めるようになる。朝三暮四のようなものだ。

授業の最初に、「いろいろ話しあっても決まらないことが出てくると思うけど、そのときは多数決でもいいし、ジャンケンで決めてもいいよ」と話しておく。話しあってもムダなときは、ジャンケンで決めていいと言うと子どもたちは驚いた顔をする。日頃先生からは、「きちんと話しあって決めなさい」と言われているのだろう。だが人生には、話しあっても結論の出ないことがたくさんある。話しあう必要のないこともたくさんある。何を話しあい、何はジャンケンで決めていいかを決定できる能力を身につけることが「大人になる」ということだと私は考えている。

さて、冒頭の台詞「ねぇねぇ、昨日×××見た?」の×××には、テレビ番組の名前が入る。ここで私は、以下のような説明をする。

「この×××には、本当に昨日見たテレビ番組を入れてもいいけど、嘘をついてもいいです。普段の授業では嘘をつくと怒られるけど、今日は演劇の授業ですから、嘘をついてもかまいません。いや、うまく嘘をついた人が褒められます。だから、この×××には、生徒4になった人が好きな番組の名前を入れてもいいし、友だちと話しあって決めてもかまいません」

こうしてまず、生徒たちに「フィクション」ということを受け入れてもらう。実際にこう説明しないと、中学生でも、「昨日はテレビは見ていません」という子どもが続出するのだ。

五行目、生徒3の台詞「しょうがないじゃんか、オヤジがナイター見てたんだから」。

ここでも少し立ち止まってもらう。

「みんなは、友だちと話をするとき、自分のお父さんのことをなんて呼びますか?」

「お父さん」「父さん」「パパ」といろいろな答えが返ってくる。

「じゃあ、生徒3の人は、『オヤジ』の所に上から大きく×を書いて、その横に、自分がなんて呼ぶかを書いてください。ナイターも他の番組に変えてもいいよ。次の『だせー』も『かっこわるーい』とか『やだー』でもいいよ。でも、さっき言ったように嘘でもいいんだよ。『お父さん』じゃなくて、『父上』とかにしてもいいからね」

こうして、それぞれにオリジナルの台本ができていく。

ここに、この授業の一つの大きなポイントがある。従来の朗読の授業なら、すでに書かれている文章をいかにうまく読むか、いかにうまく伝えるかに重点が置かれた。演劇の授業でさえも、決められた台詞をいかにうまく言うかが「表現」とされた。しかし、私の授業では、テキストは書き換えていいことになっている。それも虚実おりまぜて、自由な往還をしていいことになっている。

もともと口語体で書かれた台詞を、さらに自分の言葉に近づけ、地方の場合には方言も取り入れてオリジナルのテキストを作っていく。このことで、生徒たちは、格段に発語しやすいテキストを手に入れる。ここで生徒たちは無意識に、自分の言葉という個性と、演じるべき役柄の個性を摺りあわせていく作業を行っている。

支えきれない嘘はつかない

中学校の授業は一コマ四五分か五〇分、小学校はもっと短い。この一時間目の中で、配役を決め、テキストを書き換え、練習をして発表までもっていくのは至難の業だ。それでも無理をして、一時間目に各班の発表までこぎ着ける。ここでの「見る－見られる」という体験が、二時間目からの授業のモチベーションを高めるからだ。

一時間目の発表で、できるだけ台本に手を入れて工夫した方が面白い、また自分たちの言葉にした方が言いやすいということが、子どもたちにもわかってくる。これが生徒の創作意欲に火をつける。

もちろん失敗する班も出てくる。教える側にとって一番ありがたい失敗は、中途半端に台本を変更して、収拾がつかなくなってしまう班が出てきたときだ。

このスキットは、転校生が長野からやって来たという設定になっている。自己紹介のときには、新しい級友からの質問に「前の学校ではスキー部にいました」と答える。そしてそのあと、先生がいなくなったところでの、「スキー、うまいんでしょう?」という問いかけには、「長野じゃみんなやるから」と答える構成になっている。

しかしときに、転校生がどこから来たかだけを変えて、あとの変更は間に合わなくなって本番を迎えるという班が出てくる。この場合、

「静岡から来た○○です」

「前の学校ではスキー部にいました」

「静岡じゃみんなやるから」

といった展開になる。こういう失敗が出てきてくれると、教える側としてはたしかにあ

りがたい。二時間目の冒頭、一時間目の発表をふり返って、私はこんなことを話す。

「なんだか、この班はおかしかったよね。静岡に変えてみたのは、とってもよかったんだけど、あと静岡でもスキー部のある学校も、もしかしたらあるかもしれないけど、でも『静岡じゃみんなやるから』は変だよね。

みんなも劇を見ていて、頭の中に？マークが浮かんだんじゃないかと思います。いいですか、さっき私は、今日は嘘をついてもいい授業だと言いました。でもさ、嘘って、いろいろ適当に言ってると矛盾が出てきてすぐにばれちゃうよね。だから、今日は最後までうまく嘘をついた人が褒められます。逆に言うと、自分が支えきれない嘘はつかない方がましってことだね」

（ちなみに、このテキストには「寒冷地仕様」と呼んでいるもう一つのバージョンがある。雪国に長野から転校生が来ても面白くないので、そういった地域では転校生が沖縄から来る別バージョンのプリントを用意している）

喋らないという表現

さて、二時間目は、いよいよ創作の時間だ。大きな空欄と、それをつなぐ簡単なト書きの入ったワークシートが生徒たちに配られる。班ごとに台詞を考え、その空欄を埋めていって、今度は本当にオリジナルの台本を作っていく。

私はこの時間は、前述のように、「教えない」ために、できるだけ子どもたちとは距離を置いて見回っていくことになる。ただ、そうは言っても、停滞する班には助言をしなければならない。

たとえば、朝、先生が来るまで、何を話すのか、なかなか決まらない班がある。

こういったときは、「何、話す?」と聞いてはいけない。「いつもは何を話すの?」「今朝、何、話した?」と聞くのがよい。生徒は誰でも、何かを話しているはずだから(この点は、第七章の「シンパシーからエンパシーへ」という項目で詳しく触れる)。

さて、「今朝、何、話したの?」と聞くと、子どもたちは、ほぼ決まって「えぇ、今朝、何話したっけ?」と呟く。私はこれだけでも、この授業の意味があると考えている。話し言葉の教育とは、まずもって、自分の話している言葉を意識させることから出発するはずだから。

日常、話し言葉は、無意識に垂れ流されていく。だからその垂れ流されていくところを、どこかでせき止めて意識化させる。できることなら文字化させる。それが確実にできれば、話し言葉の教育の半ばは達成されたと言ってもいい。子どもたちは、そこから、日常使っている自分たちの言葉に、より意識的になるはずだから。

実際の授業では、優等生的な子が、「じゃあ、宿題の話をします」とか「運動会が近いので、運動会の話をします」と発言して流れが決まっていく。私の役割は、それでも黙っている子に、さらに聞いていくことだ。「じゃあ、君は、何話すの？」

そうすると必ず「話さない」という子がいる。私がすかさず「じゃあ、君は話さない役にしようか？」と聞くと、意外とみんな、「えー、じゃあ、なんか言う」と言って自分の台詞を書き始める。日頃、書くということにプレッシャーを感じている子も、いったん「書かないでいい」と言われると、不思議と自分の台詞を書き始めるものなのだ。

あるいは「話さない、寝てるから」という子どももいる。こういう子には、「おぉ、いいね、いいね、じゃあ君は寝てる役にしようか」と言う。まだ黙っている子に、「君はどうする？」と聞く。そうすると「いない」と言う子がいる。「いつも遅刻ギリギリに来るから、いない。だから友だちが何話してるかも知らない」と言う。私はもう喜んでしまって、「おぉ、いいねいいね、じゃあ、遅刻してくる生徒の役も作ろう」となる。

さて、三時間目、冒頭、最後の練習をして、どうにかギリギリ、各班とも台本が出来上がって発表となる。発表の場では、全員が宿題の話を真面目にしている班よりも、宿題の話をしている子の横で、机に突っ伏して寝ている子もいれば、途中から「やばいやばい」と教室に入って来る子もいる班の方が、よほど演劇的には面白い。

このとき子どもたちは、「話さない」ことも表現だということを学ぶ。「いない」ということさえ表現かもしれないと感じる。子どもたちのなかで「表現」という概念が、大きく広がっていく瞬間がある。

コミュニケーション教育は国語教育か

だが、もちろんこれは、従来の国語の授業からすれば、多少逸脱したものかもしれない。文科省が定める国語教育の柱は四つ、「読む、書く、聞く、話す」だ。「読む、書く、聞く、話す、話さない」というのはない。まして、「読む、書く、聞く、話す、話さない、いない」となれば、これはもう授業ではない。だが、私たち表現者の側から見れば、「話さない」も「いない」も立派な表現だ。

ここでは主に二つの問題が問いかけられている。

一つは、はたしてこういったコミュニケーション教育のための授業が、国語という枠組みの中に収まるのかどうかという問題。文科省は昨今、「聞く、話す」ための力の重視を打ち出してはいるが、現場は戸惑うばかりだ。だいたい、少し考えてみればわかることだが、国語の教師がコミュニケーションが得意とは限らない。そもそも国語教師の半分は、部屋に籠もって本を読むのが好きな人たちだ。彼らは、言葉について多少詳しいかもしれないが、コミュニケーション教育のスペシャリストではない。それを急に、「さぁ、コミュニケーションです。子どもたちに聞く、話すの能力をつけてあげてください」と押しつけるのは、とてもかわいそうな話ではないか。

かつて技術科にコンピューターが入ってきたときに、中高年の教師たちがパニック状態になったのと似た現象が、いま国語教育の水面下で、その問題の本質が明らかにされないままに、静かに進行しているのだ。

二点目は、一点目と深く関わることだが、もしこれを国語の授業でやるとするなら、きちんと書く、論理的に話すといった従来の国語教育を、抜本的に解体しなければならない。要するに無前提に「正しい言語」が存在し、その「正しい言語規範」を教員が生徒に教えるのが国語教育だという考え方自体を、完全に払拭しなければならない。そうして、国語教育を、身体性を伴った教育プログラム、「喋らない」も「いない」も表現だと言えるような教育プログラムに編み直していかなければならない。

このことはまた、すべての国語教員が、「正しい言語」が自明のものとしてあるという考え方を捨てて、言語というものは、曖昧で、無駄が多く、とらえどころのない不定型なものだという覚悟を持つということを意味する。

実際の議論としては、大きな科目再編を行うのか、国語教育の枠組みを残しつつ、その内容を大幅に変更していくのかということになるだろう。

私自身は、もはや「国語」という科目は、その歴史的使命を終えたと考えている。明治期、強い国家、強い軍隊を作るために、どうしても国語の統一が必要であった。それ以降一四〇年間、よく「国語」は、その使命を果たしてきた。しかし、すでにその使命は終わっている。

私は初等教育段階では、「国語」を完全に解体し、「表現」という科目と「ことば」という科目に分けることを提唱してきた。

「表現」には、演劇、音楽、図工はもとより、国語の作文やスピーチ、現在は体育に押しやられているダンスなどを含める。一〇歳くらいまでの子どもにとって、このような教科の分け方はほとんど意味がない。

たとえば、お母さんの誕生日に、音楽が好きな子なら唄を歌ってあげるだろうし、お母さんの絵を描く子どももいるだろう。演劇を創る兄弟もいるかもしれない。それを、「今年は音楽しか受けつけない」という母親がいるだろうか？　子どもたちの「伝えたい」という気持ちを重視するなら、このような科目分けは意味をなさない。これまでの教科区分は、ただ単に教えやすさのための区分けであって、もはや子どもたちのためには機能していない。

「ことば」科では、文法や発音・発声をきちんと教える。現在、日本は先進国の中で、ほとんど唯一、発音・発声をきちんと教えていない国となっている。口の開き方や舌のポジションをしっかりと教えていくことが、話し言葉の教育の基礎となる。

初等教育の課程では、この「ことば」科の中に、英語や、地域の実情に応じて、韓国語や中国語を入れていけばいい。そうすれば、子どもたちは日本語をもう少し相対的に眺めることができるようになるだろう。

第三章　ランダムをプログラミングする

アンドロイド演劇

大阪大学が世界に誇る天才ロボット博士石黒浩先生（読者諸氏は自分にそっくりのアンドロイドを作った人として、テレビでご覧になったことがあるかと思う）と、ロボットで演劇を創るプロジェクトを始めたのは二〇〇八年。二〇一〇年からは、より人間に近いアンドロイド型ロボットを使って作品を創り、すぐに世界各国を回る状態になった。

ロボット、あるいはアンドロイドと演劇を創っていて、よく聞かれる質問の一つに、「ロボットは人間を超えられますか？」という類のものがある。あるいは、演劇関係者からの質問で「人間のような即興はできないでしょう？」という類のもの。

さて、この問いかけの意味は何だろう。

私たちは、ロボット演劇の研究を通じて、人間を人間たらしめているものは何かを追求してきた。もう少し突き詰めて言えば、「人間が人間らしく見えるのは、どういった要素によるのか」を、工学と芸術の両方の側面から考えてきた。

そこでわかってきたことは、どうも私たちがロボットなりアンドロイドなりを「人間らしい」と感じるのは、その動きの中に無駄な要素、工学者がよく言うところの「ノイズ」

が、的確に入っているときだという点だ。

正確に言えば、わかってきたというよりも、そのことにそれぞれ強い関心を持っていた私と石黒先生が、大阪大学で出会った。

私は、ここ一五年ほど、認知心理学の研究者と共同研究を行ってきた。そこで彼らから学んだことは、だいたい以下のような事柄だ。

人間は何かの行為をするときに、必ず無駄な動きが入る。たとえばコップをつかもうとするときに、最初からきちんとコップをつかむのではなく、手前で躊躇したり、一呼吸置いたりといった行為が挿入される。こういった無駄な動きを、認知心理学の世界ではマイクロスリップと呼ぶそうだ。

すぐれた俳優もまた、この無駄な動き、マイクロスリップを、演技の中に適切に入れている。要するに私たちが、「あの俳優はうまい、あの俳優はへただ」と感じる要素の一つに、この無駄な動きの挿入の度合い（量とタイミング）があるということがわかってきた。この無駄な動きは、多すぎても少なすぎてもいけない。うまい（と言われる）俳優は、これを無意識にコントロールしているのだろう。

人間は誰しも、演技をしようとすれば緊張する。この緊張が、マイクロスリップを過度にしたり、あるいはマイクロスリップを消してしまうことになる。

もう一点、研究の過程でわかってきたことは、この無駄な動きは、練習を繰り返すうちに少なくなっていく（埋没していく）という点だ。だから演劇の場合、稽古を続けていると演出家から、「なんだか最初の頃の方がよかったなぁ」と言われることがままある。

プロの俳優は、同じ舞台を五〇回、一〇〇回とこなさなければならない。しかし演技を続ければ続けるほど、動作は安定するが、そこから無駄な動きがそぎ落とされ、結果として新鮮味が薄れていく。もちろん、こういった演技の摩耗から逃れられる人もいる。世間は、それを「天才」と呼ぶ。

長期的な記憶はどこから来るのか

二〇世紀に開発された様々な演劇教育の技法の中には、「即興」が取り入れられているものが多い。これは要するに、繰り返し稽古をしても常に新鮮さを保ち続けるような「精神性」を養う訓練ではなかったかと私は考えている。それはそれで、一つの教育法として間違いではない。

一方、これまで私が採ってきた方法は、まったく別の方向からのアプローチだった。私は、俳優に様々な負荷をかけることによって、新鮮さが保てないかと考えた。この方法論を簡単に説明すると、ある台詞を言うのと同時に、右手ではコップをつかみ、左足では近くの新聞紙を引き寄せるといった形で、俳優に複雑な動作を要求していく。また同時に、その台詞を言っている瞬間に、何が視界に入っているか、どんな音が聞こえているかを強く意識させる。それを総称して、「俳優に負荷をかける」と呼んできた。

一つには、こうすることによって意識が分散され、台詞に余計な力が入らなくなることが、私のそもそもの発見だったのだが、もう一点、この方法を採ると、俳優の新鮮さ、あるいは新鮮に見える要因となっている「無駄な動き」が、普通の場合より長く持続することがわかってきた。稽古を続けても、適度なマイクロスリップが消えていかないのだ。

これも認知心理学の方々から教えていただいた知見なのだが、どうも人間というのは、複雑な動きをきちんと記憶するときには、インプットとアウトプットを、同時に記憶しているらしい。とこれだけでは、何を言っているのかわからないかもしれないので、実例を挙げてみる。

オリンピッククラスの体操選手が、いわゆるウルトラCといった新技を習得するときには、もちろん繰り返し、自分の筋肉や関節の動きを記憶し何度もシミュレーションをする。しかし同時に、天井や壁が、どの順番で、どのような角度で見えてくるのかを記憶していくそうだ。要するに、人間は、主体的な筋肉や関節の動き（アウトプット）と、視覚というインプットを同時に、しかも脳内で何らかの形で関連づけて記憶しているのだ。

舞台の俳優にも似たようなことが起こる。

舞台上、机の上に、新聞、ビール瓶、グラス、花瓶と様々な小道具が並んでいる。そのどれか一つ、たとえばグラス一つを演出助手が置き忘れただけで、ある特定の台詞が出てこないということが往々にして起こる。意識はしていないが「ある台詞を言うときには、グラスを見る」というように、その俳優の脳細胞が記憶しているらしいのだ。

私たちの脳は、このようにインプットとアウトプットを関連づけて記憶している。長期的な安定した記憶は、複雑な印象の絡みあいから起こる。たぶん、そうらしい。

「たぶん、そうらしい」と書いたのは、まだこれは脳科学の世界でも、はっきりと確認されたわけではない事柄だからだ。いまだこの分野では、認知心理学のような現象の解析からのアプローチの方が、少しだけ先を行っている。

脳科学の世界でも、短期的な記憶の分野は随分と分析が進んでいる。脳のこら辺の血流が盛んだとどうも記憶が活発になる、脳のこら辺が萎縮すると物忘れが激しくなるといった類である。皆さんが日頃やっている「脳トレ」等も、こういった研究を根拠にしている。これは短期的な記憶を扱う分野だから、ボケ防止などには確かに効果があるだろう。しかし、これから数十年を生きなければならない子どもたちに脳トレをやらせて、さほどの効果があるとも思えない。

短期的な記憶を問う試験

いま、日本の教育界のもっとも大きな課題の一つは、子どもたちの長期的な記憶に関する部分だろうと私は考えている。

かつて「分数のできない大学生」という言葉が話題となった。しかし、これは言葉として正確を期すなら、少し間違っている。「分数のできない大学生」ではなく、「分数を忘れてしまった大学生」と言わなければならない。本当に分数ができなかったら、その学生は進級、進学ができなかったはずだから。

問題は、これまでの日本の学校教育のシステムは、この「短期的な記憶」しか問うてこなかったという点だ。分数は期末試験までできればいい。英単語は大学入試まで覚えていればいい。学校での学びと、社会で有用な知恵が、ほとんど連結をしていなかった。

もちろん、そのような試験にも意味はあったのだと思う。そこで問われていたのは、おそらく「学力」ではなかった。そこで問われていたのは、「従順さ」と「根性」だった。教師から、「期末試験に出すから、教科書のここからここまでを覚えてこい」と言われて、それを素直に履行する従順さと、それを時間内に覚えきる根性が問われていた。そして、それは、たしかに無意味なことでもなかった。高度経済成長期には、そのような従順で根性のある産業戦士こそが、国家から求められる人材だったのだから。

第一章でも指摘したように、工業立国においては、「ネジを90度曲げなさい」と言われたら、90度曲げる正確性とその能力が求められてきた。

しかし、付加価値（人との違い）が利潤を生むサービス業中心の社会においては、90度曲げる能力、いわゆる従来の基礎学力に加えて、60度曲げてみようという発想や勇気、あるいは「120度曲げてみました、なぜなら……」と説明できる表現力やコミュニケーション能力がより重要視される。

ここでは、短期的な記憶を問うだけの従来型の学力試験をくぐり抜けてきた人材が有用とは限らない。現在、学力や学歴と、企業で個々人が発揮する能力にずれが出てきているのも、この点に由来している。

メチャクチャに教えた方がいい

では、一体、これからはどのような授業が求められるのだろうか。

長期的な記憶のメカニズムは、あまりよくわかってはいないが、どの脳科学者、あるいは認知心理学の専門家に聞いても、ある程度明らかなのは、先ほども触れた通り、「どうも長期的な記憶は、様々な新鮮な体験の組みあわせによって起こるらしい」という点だ。

ぶっちゃけて言えば、「メチャクチャに、子どもの興味の赴くままに、いろいろと教えた方がいい」という話になる。

とこれでは乱暴な議論なので、現場の先生方には、私は以下のように説明している。

「教室で習う星座の名前より、キャンプ場でお父さんから習った星座の名前を、子どもたちはよく覚えているでしょう」

「教室で習う花の名前よりも、散歩の帰りにお母さんから習った花の名前を、子どもたちはよく覚えているでしょう」

いま大事なことは、この「よく覚える」という点だ。「たくさん覚える」「早く覚える」という教育から、「よく覚える」という教育へ、教育の質を転換していかなければならない。

キャンプ場では、たき火の残り香や、川のせせらぎの音、そして何よりお父さんの優しい笑顔と共に、子どもたちは星座の名前を記憶していく。体操選手が、天井や壁の角度と自分の筋肉の動きを同時に記憶していくように。

ここにおそらく、教室での教育よりも、体験教育や科目横断的な総合学習がすぐれている根拠がある。

体験教育が、子どもたちの思い出に深く残ることは、現場の先生方なら誰でも知っている。一九世紀以降に登場した多くの先進的、実験的な教育理論も、多くはこのような複合型の学習方法だろう。そこで、もしも、こういった長期的な記憶に関する脳科学などの研究が進めば、それらの教育理論を、ある程度まで科学的に裏づけることができるようになるかもしれない。

理想論や抽象論を言っているのではない。

日本では、ゆとり教育批判と並んで、総合的な学習の時間も風前の灯火になっているが、世界の趨勢は逆だ。ヨーロッパの多くの国では科目の融解とも言える現象が始まっている（もちろん、教育は常に試行錯誤を繰り返すので、ヨーロッパでもいわゆる基礎学力を重視する動きも同時に起こっているのだが)。

私がかつて訪れたスイスのある州は、小学校では科目という概念がほとんどなかった。算数が週に三コマほど残っているくらいで、あとはすべて総合的な学習のようなイメージの授業が続く。だから子どもたちに「どの科目が好きか?」と聞いても、きょとんとして答えが返ってこない。

具体的にどんな授業になるかというと、たとえば、いまなら「なでしこジャパン」について二週間でも三週間でも授業をする。

校庭でサッカーもするし、ナデシコの花についても学ぶ。応援の唄を歌い、ポスターを作り、代表選手に向けて手紙を書く。また、日本における女性の社会進出を考えることもできる。バナナシュートはなぜ曲がるのかを考える授業だって可能だ。

子どもの関心にあわせてトピックを決めて、その中に、様々な教科の学びの要素を埋め込んでいく。教科書会社も教育委員会も、そのような授業の素材を提供するだけで、授業の組み立て自体は教師が自分で工夫していく。

もちろん、これをいまの日本で、すぐに実現することは難しい。日本の先生方は、世界で一番忙しいから。

ヨーロッパの多くの国々では、基本的に、午後三時を過ぎたら、子どもは家庭と地域社会で面倒を見ることになっている。学校でのクラブ活動などもないから、教員は三時以降は、明日の授業の準備に充てられる。

私は、何もかもをヨーロッパと同じにするのがいいとも思わない。たとえば、日本型の学校単位でのクラブ活動の良さもあるだろう。ただ、少なくとも、教育の地方分権、学校分権、そして教員分権を進めることと、教員の数を大幅に増やすことは必須だと考える。

そのうえで、子どもの関心にあわせた授業展開のプログラムを構築することが必要となってくる。

ランダムをプログラミングする

だが、こういった教育方法には、当然落とし穴もある。

教える側には、なんだかんだと言っても、発達段階に応じて教えておかなければならない知識や技術というものがある。しかし、こういった体験重視の教育では、教え漏れや遅滞が起こる可能性が高い。

せっかくキャンプ場で星座の名前を教えようと思っていても、空が曇ってしまっては台無しだ。

こういった体験型、双方向型の授業、ワークショップ型の授業のファシリテーター（先導役）を志す学生たちには、「一回のワークショップで教えなければならないことなど、何もない」と教えている。そのくらいの覚悟がないと、自分の作ったプログラムに縛られて、「あれも教えなきゃ、これも伝えなきゃ」と焦ってしまうのだ。ワークショップでは、子どもの反応に応じて、柔軟にプログラムを変えながら、「あ、ここではこれが伝えられた」という程度でかまわない。

だが、年間を通じて子どもを預かる学校の教員となれば、そうもいかないだろう。そこで現場の先生方や教員志望の学生には、「これからの教師には、ランダムをプログラミングする能力が求められるのではないか」と話すようにしている。

授業計画（シラバス）はきちんと書かなくてはならない。しかし、裏シラバスも用意して、柔軟性を持って対応し、一学期、一学年をかけてすべての事柄が教えられるような弾力性を持った授業が求められるようになるだろう。

偶然性を授業計画の中に埋め込んでいくこのような授業を、年間を通して遂行していくことはとても難しい。技術も経験も、そして情熱も要求される。また何よりも、先に書いたように、少人数での教育、教員増が求められる。

いままでの日本の教育は、子どもの関心の伸びる方向を無視して、教師の教えやすいように教えてきたのではなかったか。教え漏れがないように、全国一律、疎にして漏らさない（つもりの）ような授業が求められてきたのではなかったか。

もちろん、教育の方法に絶対的な正解はない。試行錯誤を繰り返し、バランスをとっていくしか道はない。従来のやり方がすべて間違っているとは思わないし、ここに記したような新しい方法論が、すべてを解決するとも思っていない。だが、子どもの在り方自体が多様化している以上、教育のプログラムに大きな柔軟性を持たせることが急務なことは確かだろう。

再びアンドロイドについて

教育の話が長くなった。

再び、アンドロイドについて。

さて、そういうわけで私は、俳優が、無駄な動き（＝マイクロスリップ）をいかに持続させ、安定して出力できるかということを、これまで研究してきたわけだが、ここに、いくら本番を繰り返しても新鮮さが摩耗しない存在、無駄な動きを永遠に継続できるロボットというアイテムが登場した。

この章の冒頭に掲げた「人間のような即興はできないでしょう？」という問いかけは、だから、ここでは意味をなさない。即興は、即興そのものに意味があるのではない。即興が生み出す、適度なランダムさ加減、マイクロスリップが演技に新鮮さを生み出してきたのだ。

だとすれば、その新鮮さを凍結して何度でも繰り返せるのなら（そして、天才と呼ばれる俳優にはそれができているのだから）、それに越したことはないではないか。「舞台に出来不出来があった方が人間らしくていい」という人もいるかもしれない。しかしそれは、「人間らしい」ことを至上とする、極端な人間中心主義ではあるまいか。実際の観客は、最高の演技が安定して観られるなら、そちらの方にお金を出すだろう。

さて、実は、石黒先生もまた、ロボットを人間らしく見せるには、このノイズ、マイクロスリップが重要な要素になることには気がついていた。ただ、それを人間工学や認知心理学の研究から応用しても、なかなか思うようにいかなかった。なぜなら、こういった学問が結論づける統計は、結局のところ平均値が出てきてしまうから。平均値では「無駄」

は数字の中に埋没、解消されてしまうのだ。

そこで、ランダムな動きを取り入れることになるのだが、では、どのような頻度でランダムなノイズを入れていけばいいのか、これが難しい。そして、その点に関しては、私たち演出家の方が、一日の長があった。いや、演劇二五〇〇年の蓄積があった。

さらに私は、認知心理学の研究者との交流があったために、いきなりロボット研究の領域に入っていっても語彙を共有できるという利点もあった。

人間のリアルな動作とは何かという問いかけの同じ大きな山を、まったく別々の方向から登っていた二人が、大阪大学のキャンパスで出会ったということだ。

ここでの私の仕事は、いかに無駄な動きを数値化してプログラムするかということになる。こういった事柄を、専門用語ではパラメーターと呼ぶらしい。私自身は、この「パラメーター」のなんたるかもよくわからないのだが、とりあえず、ここでもやはり自分の仕事は、「ランダムをプログラミングする」ことだと考えている。

石黒先生は、最近よく、「芸術家は答えを先に知っている。工学者は、それを解析するだけでいい」と言っている。実際に、石黒研究室では、私の生み出したパラメーターを、特許として申請している。演劇の演出が特許になる時代が来た。

第四章　冗長率を操作する

その竿を立てろ

教育の側面からの「ランダムをプログラミングする」という視点、あるいはロボット演劇における「ノイズを適度に挿入する」という視点、それは要するにいずれも、「人生、無駄があった方がいいですよ」という、至極当たり前のことを言っているに過ぎない。

そして、その視点が、コミュニケーションの問題を考える上でも、とても重要だろうと私は思う。

これも難しい話ではない。

「メチャクチャに教えた方がいい」のと同じように、「適当に喋った方がいい」ということだ。

その当たり前のことを、持って回った言い方で、これから説明をしていきたいと思う。

まず議論の前提として、私が提唱してきた「現代口語演劇とは何か?」という点を、簡単に説明しておきたい。

前章に書いた「俳優に負荷をかけて意識を分散させる」というのも、その演技法の代表例であるが、これは演技面のことであって理論の中核ではない。

とりあえず、「現代口語」と名乗るくらいだから、まず口語体、話し言葉で台詞を構成するということなのだが、「演劇だから話し言葉で当たり前でしょう」と言われてしまうと、「まぁ、いままでの演劇とは違うんで、一度観てみてください」としか答えようがなくなってしまう。

一つ、定番の、できるだけわかりやすい例を挙げるとすれば、以下のような説明となる。

ある演劇の教科書に、

その、竿を、立てろ

という例文がある。

「あの」でも「この」でもなく、「その」を強調したいときには「その」に力を入れる。箒でも棒でもなく「竿」だということを強調したいときには、「竿」に力を入れる。寝かせるのでも、転がすのでもなく、「立てろ」という点を強調したいときには、「立てろ」に力を入れる。この練習を繰り返すと、うまく感情表現ができると、そのように、ある演劇の教科書に実際に書いてある。

だがこれは、少し日本語のことに詳しい人なら、おかしな説明だということがすぐにわかるはずだ。日本語の最大の特徴は、語順が自由だという点にある。また、日本人自身はあまり気がついていないが、特に話し言葉では、単語の繰り返しをいとわないという特徴も持っている。

欧米の言語は、一般に単語の繰り返しを嫌うと言われている。フランス語などはそれが徹底していて、だからその分、指示代名詞を使う頻度が高いのだろう。

英文和訳の問題で、「it」をそのまま「それ」といちいち訳していると、「それが、それで、それだ」と煩わしい文章になってしまったという経験が、誰にもあるのではないだろうか。

さらに、以上のような特質の結果ということなのだが、日本語は強調したいものを語頭に持ってきて、何度も繰り返し言うという特徴的な表現形式を持っている。だから、「竿」を強調したければ、私たちはおそらく、次のように言うだろう。

竿、竿、竿、竿、その竿立てて、

あるいは、「立てろ」を強調しなければならないなら、

立てて、立てて、立てて、その竿、

と言うのではないか。

「竿」や「立てろ」に力を入れる、いわゆる強弱アクセントを使用するのは、非常に特殊な状況においてであって、私たちは、普段の日常生活では、強弱のアクセントはほとんど使わないと言っていい。

しかしながら、強弱アクセントによって感情を表現するという歪んだ(間違ったとまでは、あえて言わないが)演技法が、二〇世紀初頭の日本における近代演劇の成立以来、ずっと長く流布してきた。演劇に対して多くの方が感じている、胡散臭さ、暑苦しさ、要するに「芝居がかった」「芝居臭い」という感覚は、実はここに由来する。

西洋近代演劇を模倣した不幸

どうしてこんなことになってしまったのかは様々に理由があって、ここにそのすべてを書くことはできない。興味のある方は、拙著『演劇のことば』(岩波書店)を読んでいただければと思う。ただ、その最大の理由は、やはり西洋で生まれた近代演劇の輸入の仕方を、多少間違えてしまったというところにあるだろう。

西洋における近代演劇の誕生は、チェーホフの戯曲に象徴されるように、日常を生きる人びとがそのまま主人公になり、その人びとの話す言葉が台詞となる点にあった。ここには、英雄や王様はもはや登場しない。これは、世界演劇史上のコペルニクス的転回と言ってもいい。

ここまでのところは、おそらく西洋近代演劇の輸入を試みた日本の先人たちも理解していたはずだ。そうして、他の多くのジャンルと同様に、日本人は忠実に西洋近代演劇を模倣した。髪を金髪にし、つけ鼻をつけてまで。

ただ、さらにその上、感情を強弱アクセントによって表現するという欧米の言語、特に英語、ドイツ語、ロシア語などに特徴的な発語の方法までも真似してしまった。少数の留学生が、その限られた見聞を語ることによって始まった日本の近代演劇の、ある種の不幸とも言えるだろう。

国家の教育と無縁だった日本の近代演劇には、国費留学生も、お雇い外国人もいなかった。無手勝流の輸入が、いささか乱暴な結果を生んだことは、仕方なかったかもしれない。

こうして多くの演劇人が、「演劇の台詞は強弱アクセントで喋るものだ」と勘違いをしてしまった。実際、チェーホフを多く手がけてきた日本の演出家が、初めてロシアに行った際に、「ロシア人は、本当にチェーホフの台詞みたいに喋る」と言って驚いたという逸話もある。

・日本語は、強弱アクセントを（ほとんど）使わない。
・日本語は、強調したい言葉を、語頭に持ってきて繰り返すことができる。

だとすれば、西洋近代演劇の教授法は、日本においては、（ほとんど）意味をなさないことになる。

スタニスラフスキー・システムに代表される西洋近代演劇の根幹は、戯曲を、主にその心理的背景から分析し、どのような感情を表出させ、そのために台詞のどこを強調していくか、あるいは抑制していくかを考え実践していく点にある。

しかし、日本語の戯曲には、それらはすべて、あらかじめ書かれていることになる。そこに分析の余地はない。

その、竿を、立てろ

という台詞があったとしたら、「竿」や「立てろ」を強調することはできない。もしも強調しなければならないとしたら、それは、別の語順で書かれていたはずだから。

逆に劇作家は、このことに十分意識的でなければならない。日本語で書かれる戯曲にとって、語順は決定的な意味を持つ。

現代口語演劇理論

一九八四年から八五年にかけて、私は韓国延世大学に留学していた。この一年間は、私の人生の中では、めずらしく真面目に勉強をした時期だった。特に、最初の三ヵ月ほどは、とにかく韓国語を習得しなければならないという強迫観念があって、朝から晩まで言葉漬けの、修行僧のような生活をしていた。

午前中は韓国語のクラス、昼は外国人寄宿舎でアメリカ人留学生と英語で会話しながら食事、午後は英語で韓国史や韓国哲学を習い、夕方からは韓国語で韓国人学生に日本語を教えるボランティア。さらに韓国語のクラスで落ちこぼれたフィリピン人に、週に二回、英語で韓国語を教える。そして深夜まで韓国語クラスの予習と復習。

こういう複雑な言語生活を続ける中で、私は先に掲げた理屈を「発見」した。二二歳の私は、おそらく、その発見の意味さえ、よくわかってはいなかっただろうが……。

帰国して、大学を卒業し、将来の展望もないままに就職もせず芝居を続けて、自分が発見してしまったこの方法論を形にするのに五年かかった。こうして出来上がったのが、『現代口語演劇』という新しいスタイルだった。

しかし、当時の評判は、惨憺たるものだった。「ぼそぼそ喋るな」「後ろを向くな」「俳優が同時に喋ると、何を言っているのかわからない」……いまでは当たり前になっている方法論も演技法も、当時の観客には斬新というよりは、ただ稚拙なものとしてのみ受け止められた。実際、表現の発露が、まだ稚拙だったこともあるだろう。

一九八九年、いまでは私の代表作となり海外での公演も相次いでいる『ソウル市民』の初演時、対談形式の劇評が一つだけ、ある演劇雑誌に出た。

「普通に、自然主義的に舞台でしゃべるという試みは、さんざんあったんですね。さんざん試みられてきて、さんざん失敗してきた、それをまたこの劇団が繰り返して主張している。やはり結果はまったく退屈でした。まして、俳優の基礎訓練ができていない。主張は結構ですが、方法は明らかに誤りでしょう」（『悲劇喜劇』一九八九年一一月号・早川書房）

私はこの劇評を読んで、「あぁ、本当に世間は、私たちが発見した事柄の核心は、理解できないのだな」と考えた。若かった私たちは、そのことを比較的ポジティブに考えた。これほど理解されないということは、それほど大した発見なのだろうと。

私たちの方法論が、まがりなりにも演劇界で認められるようになるのは、それからさらに五年、九四年に書いた『東京ノート』が岸田國士戯曲賞を受賞するまで待たなければならなかった。さらに翌年、初の演劇論集『現代口語演劇のために』（晩聲社）を出版。新劇はもとより、六〇年代以降のアングラ・小劇場運動も串刺しにして批判を展開したこの本は、演劇界に様々な論争を巻き起こした。

そして、さらに五年、新しい演劇の言葉は国語教科書に載るまでになった。

新しい日本語教育

九〇年代に登場した現代口語演劇は、今世紀に入って、チェルフィッチュの岡田利規さん、五反田団の前田司郎さんといった才能豊かな後継を得て大きな広がりを見せることになった。二人の名前は、演劇に興味のない方でも、それぞれ大江健三郎賞、三島由紀夫賞の受賞者としてご存じの方も多いだろう。

しかし、それ以上に私が自分自身の大きな成果として感じるのは、私の小さな発見が様々な教育分野において応用、援用されていった点だ。ロボット演劇への応用もその一例だが、もっとも端的な例は、実は日本語教育だった。

日本語教育に関わる多くの教員が、自分の使用するテキストを「自然な日本語ではない」と感じている。この原因の主要な部分も、前述した語順とアクセントの関係にあるのではないかと私は考えた。

感情表現や意思の伝達が求められる上級の授業で、日本語の話し言葉特有の「語順」を無視して書かれた例文を、いくら繰り返し生徒に読ませても、思ったような成果は上がらない。そこで、無理のない日本語の上質の会話教材が求められるわけだが、実際の教育現場では事柄はそう単純ではないだろう。

たとえば、語順によって文の意味内容が厳密に決定されていく印欧語族の母語話者に対して、初級、中級のレベルで、あまりに日常的な日本語会話を教科書に載せても、ただ混乱を招くだけの結果となる。

たとえば、「竿、竿、竿、竿、その竿立てて」や「立てて、立てて、その竿」という文章では、文法は説明しにくいし、応用も利きにくい。

語順を自由に操ること、倒置や繰り返しによって強調、婉曲、勧誘など様々な表現を行うこと。これらを日本語運用能力の主軸と考えるなら、学習の進度に応じて自由度を増していくオルタナティブな教材を作っていくしかない。

実際、ここ数年、私は国内外の日本語教育の先生方と協力して、そのような書き下ろし教材を開発し、教科書作りのお手伝いをしてきた。その重要なパートナーの一人であるカナダ、ビクトリア大学の野呂博子先生は、私の戯曲『東京ノート』を使った会話の授業を一〇年近く続けてくださっている。

その野呂先生も最初期は、学会での成果発表などで、常に不思議な違和感にさいなまれたそうだ。「演劇で自然な会話能力の獲得を」といった発表をすると、必ずと言っていい

わたしたちの言葉

次の台本を読んでみましょう。「こんな言い方はしない。」「自分ならこう言う。」と思うところはありませんか。

わたしたちは、毎日、人それぞれ自分なりの言葉を使って生活しています。

台本を読むことを通して、自分たちはどんな言葉を使って生活しているか、見つめ直してみましょう。

＊人物1が歩いているところに、人物2がやって来る。

1　おはよう。
2　おはよう。
1　ねえねえ、今日、毛筆の授業あるよね。
2　あるよ、あるよ。
1　よかった。今日は、持ってきたんだ。
2　わすれるよねえ、よく。
1　わすれたら、また、しかられるとこだった。
2　最近、先生、ちょっとおこりっぽいよねえ。
1　うん。
2　どうしてかな。
1　あ、［人物3］だ。

＊人物3が加わる。

3　おはよう。
1・2　おはよう。

3　ねえねえ、今日、給食、カレーでしょ。
1　え、もう、給食の話？
2　早いよ。
3　だって、カレー好きなんだもん。
2　そりゃ、わたしも好きだけどさ。
1　早すぎるよ、まだ。
2　そうだよ。
3　ええ？

＊そこに人物4と人物5がやって来る。
全員がたがいに「おはよう。」と言い合う。

4　ねえねえ、［人物5］が、算数の宿題わすれたんだって。
2　え、うそ。
4　本当だよね。
5　いいんだ、別に。
1　ええ、おこられるよ。
3　まあ、おこられるね。
5　うるさいなあ。

2　さっきも話してたんだよね。
4　え、なになに。
2　先生、最近、おこりっぽいねって。
5　だいじょうぶだって。
3　あ、［人物6］だ。

＊そこに人物6がやって来る。
全員がたがいに「おはよう。」と言い合う。

5　ねえねえ、宿題見せて。
6　ええ？
2　だめだよ。
5　いいんだよ。
6　なんの宿題？
5　算数。
6　でも、自分でやんないと。
5　今日だけ、今日だけ。
6　やっぱり、だめ。

平田《ひらた》　オリザ　作

書き下ろし教材の一つ　**『平成23年度版 小学生の国語 六年』（三省堂）より**

ほど「なぜ演劇なのか？」「演劇の会話は不自然ではないか？」という疑問が寄せられたのだと言う。

諸外国においては、演劇は、言語教育（母国語であれ外国語であれ）の、一つの大きなツールとして認められているが、日本でだけはそうなってこなかった。その理由は先に掲げたように、演劇の言葉が「臭く」「暑苦しく」「わざとらしい」ものだという一般的な認識から来ているのだと思う。

この二〇年で、日本の劇言語は大きく変化したが、しかしその変化は、残念ながら、世間の演劇に対する偏見を払拭するほどの力を持ったわけではない。まして、海外に長く在住する日本語教育者の間には、そのような変化は伝わりにくい。それでも徐々に変化の兆しが現れ、演劇などの表現手法をツールとした日本語教育の手法が、各地で開発されつつある。

話し言葉の教育の問題点

実は、この語順とアクセントの問題は、日本語教育だけの事柄ではない。日本国内の国語教育、話し言葉の教育においても、まったく同じことが指摘できる。たとえば、小学生向けのある国語教科書には、以下のような記述がある。

「今年の冬休み僕はお父さんとぜったいにスキーに行きたいです」

この文章を感情表現豊かに読むために、「ぜったいに」のところには、わざわざ傍線が引いてあり、横に「強く」と書いてある。

この指導法は、主に以下の二つの点で間違っていると私は思う。

一つは、表現という、極めて主観性の強い事柄について、あらかじめ固定された言語規範を示し、あたかもそれだけが正解のように強要してしまう点。

もう一つは、これまで述べてきたように、その言語規範自体が、まったく根拠のない、また現実に話される日本語の話し言葉ともかけ離れた、間違った概念に基づく「架空の話し言葉」に拠っている点。

もしも私が、この文章を使って、「感情表現」なり「強調」ということを教えるとするなら（この例文のつまらなさは、いったん置くとして）、以下のような設問を作り、子どもたちと一緒に考えていくだろう。

一、あなたは、この文章の中で、どこを強調したいですか？
二、そのためには、どういった表現の工夫が考えられますか？
三、いくつでも、思いつく限りの表現の方法を考えてみましょう。
四、いくつも出た表現の方法の中で、自分では、どれが一番好きですか？
五、では、実際に、自分の考えた表現を試してみましょう。
グループ内で発表をして、お互いに、伝えたかったこと、強調したかったことが伝わったかを話し合ってみましょう。
自分の好きな表現と、他人に伝わりやすかった表現の違いも考えてみましょう。

教員が、発達段階に応じた適切な指導をすれば、子どもたちはこういった学習から、感情表現のための様々な方法、「倒置」「反復」「（音の）高低」「間」などを発見していく。

もちろん、その中には「強弱」も含まれる。そしてそれが、非常に特殊な状況で使われる感情表現であるということも同時に発見するだろう。

第二章で記したように、「話さない」ということを選択する子どもも出て来るだろう。

「いない」という選択をする子どももいるかもしれない。

間投詞の多い戯曲

私の戯曲は、「あぁ」とか「えぇ」とか「まぁ」といった間投詞が多いため、結果として改行が重なり、雑誌などに掲載される場合は「原稿料どろぼう」と呼ばれる。通常、演劇雑誌に二段組で掲載される戯曲が、私のときだけ三段組で掲載されることもある。

私の演劇理論に対する初期の批判の一つに、「人間は実際の会話では、こんなに『あぁ』『えぇ』『まぁ』などと言わない」というものがあった。それはほとんど、印象批評に過ぎなかったのだが……。

この問題の本質は、私たちは、どんなときに間投詞をよく使うのかという点なのだ。さて、では私たちは、どんなときに、「あぁ」「えぇ」「まぁ」と言うのだろうか。

劇作家は、話し言葉を書くという特殊な職業だ。

話し言葉というと一般の方は「おしゃべり」を連想されるだろうが、しかし人間が「話す言葉」は、演説、スピーチ、教授、対論、対話、会話、独り言、叫び……など多岐にわたる。すぐれた戯曲は、これらの話し言葉を縦横に組みあわせて構成されている。シェイクスピア戯曲のすばらしさは、その話し言葉の多彩さにある。

いま試みに羅列した、この話し言葉のカテゴリーは、順に意識的か無意識的かで並べてある。演説やスピーチには、たいてい原稿があり、教授(学校の言葉)や対論(裁判の言葉)も、あらかじめ語られる内容が決まったものが多い。逆に独り言を、前もって原稿に書く者はいない。

さて、これらのカテゴリーの詳しい分析は省くが、戯曲を書く上で最も重要なのは、「対話」と「会話」を区別することだと私はこれまで考えてきた。

「対話」＝ダイアローグと、「会話」＝カンバセーションは、英語では異なる概念だと思うのだが、日本語では、この区別が極めて曖昧だ。

たとえば、手元の小学館の『大辞泉』を調べてみると、

「会話」＝複数の人が互いに話すこと。また、その話。

「対話」＝向かい合って話し合うこと。また、その話。

となっている。ちなみに英語では、たとえば『ケンブリッジ英英辞典』によれば、

conversation = a talk between two or more people, usually an informal one
（二人かそれ以上の間で話すこと、たいていは堅苦しくない）

dialogue = 1, the talking in a book, play, or film
（本や演劇や映画の中での話し言葉）
2, a formal discussion between countries or groups of people
（集団や国家間の、きちんとした議論）

となっている。そこで私なりの二つの言葉の定義は、以下のようになる。

「会話」＝価値観や生活習慣なども近い親しい者同士のおしゃべり。

「対話」＝あまり親しくない人同士の価値観や情報の交換。あるいは親しい人同士でも、

価値観が異なるときに起こるその摺りあわせなど。

そして、先の英英辞典にすでに、直接的に書かれているように、演劇、とりわけ近代演劇は、この「対話」の言葉をもっとも重要視する。

「対話」の構造を作る

舞台上に、父、母、娘、息子の四人家族がいるとする。この四人が、卓袱台を囲んで話をしている。これは、まさに「会話」である。

しかし、このような会話がいくら延々と続いても、観客に有効な情報はなかなか出てこない。たとえば、お父さんの職業はいっこうにわからない。子どもがお父さんに、

「お父さん、仕事なに?」

と聞くわけにはいかないから。

そこで劇作家は常に、こういった場面には他者を登場させる。たとえば、娘の恋人が初めてやって来るといった設定を考える。娘の恋人が初めて家を訪れる日には、日本のお父さんは最初は奥に引っ込んでいるので、母親が応対に出る。この場面で、

「いやいや、近頃は銀行も大変でしてねぇ」

といった台詞が母親から発せられれば、「あぁ、この家のお父さんは銀行員なのか」という情報が、無理なく客席に伝わっていく。

これが「対話」の構造である。

また、先に私は、親しい人同士でも、価値観が異なると「対話」が起こると書いた。

この典型的な例は、『忠臣蔵』だと私は考えている。『忠臣蔵』はもちろん近代演劇ではないが、歌舞伎作品があまたある中で、なぜ『忠臣蔵』だけがこれほど上演が続き、また映画やドラマにもなっているかといえば、そこに近代的な要素が多く含まれるからに他ならない。

『忠臣蔵』の元ネタとなった赤穂藩お家断絶の事件が起こったとき、かの藩には、約三〇〇人の家臣がいたそうだ。小藩であるから、地元勤務の侍たちは、ほとんどが顔見知りであり、また親類縁者も多かったことだろう。

この時代、すでに関ヶ原の合戦から一〇〇年が経ち、武士も完全にサラリーマン化していた。したがって彼らは、おそらく日がな一日「会話」を続けていたはずだ。「あそこの村は年貢の取り立てが面倒くさくてさ」とか、「いやいや今年は豊作なんで、がっぽり取れますよ」といった具合に、いまの税務署職員のような会話をしていたに違いない。

　ところが、そこに江戸で若い愚直な殿様が大事件を起こしてしまった。藩は取りつぶされることになり、人びとは思いもよらぬ運命に直面する。

　そのとき、三〇〇人の男たち一人ひとりの身に、それまで考えてもいなかった個々の価値観が表出する。ある者は、「殿が死んだんなら、オレも切腹だ」と考え、またある者は、「いやいや幕府の理不尽な措置に対抗して籠城だ」と唱え、またある者は「憎き吉良上野介を倒すために討ち入りだ」と決意する。もちろん、「申し訳ありませんが、うちは家族もいるんで、お金だけもらって再就職の口を探します」という者も多くいただろう。

　彼らは、「赤穂藩お取りつぶし」という大きな運命に直面するまでは、おそらく、「武士道とは何か」などとは考えもしなかったはずだ。

　ある集団が、個々人ではどうしようもできない大きな運命に晒されたときに、その成員一人ひとりに、それまで自身も自覚していなかったような価値観、世界観が表出し、それがぶつかりあうことによってドラマは展開していく。これが、近代劇を支える「対話」の原理である。

わかりあう文化

演劇は他者を必要とし、「対話」の構造を要請する。

さてしかし、日本社会には、この「対話」という概念が希薄である。いや、先の辞書の記述などを見ると、それがほとんど、なかったと言ってもいいかもしれない。

これは仕方のない側面もある。

一般に、日本社会は、ほぼ等質の価値観や生活習慣を持った者同士の集合体＝ムラ社会を基本として構成され、その中で独自の文化を培ってきたと言われてきた。

これはたとえば、皆で一緒に田植えをし、草刈りをし、稲刈りをしなければ収量がなかなか上がらない稲作文化の宿命と言えるかもしれない。あるいは、極端に人口流動性の少ない社会を作った徳川幕藩体制が、そのような傾向に、さらに拍車をかけたとも言えるだろう。

私はこのような日本社会独特のコミュニケーション文化を、「わかりあう文化」「察しあう文化」と呼んできた。第一章で指摘した「温室のようなコミュニケーション」も、このような文化的な背景を前提としている。

一方、ヨーロッパは、異なる宗教や価値観が、陸続きに隣りあわせているために、自分が何を愛し、何を憎み、どんな能力を持って社会に貢献できるかを、きちんと他者に言葉で説明できなければ無能の烙印を押されるような社会を形成してきた。これを私は、「説明しあう文化」と呼んでいる。

両者は、それぞれが独立した文化体系であるから、どちらが正しいとか、どちらが優れているということはない。

実際、私たちは、この「わかりあう文化」「察しあう文化」の中から、様々な素晴らしい芸術文化を生み出してきた。たとえば、

柿くへば　鐘が鳴るなり　法隆寺

という句を聞いただけで、多くの人びとが夕暮れの斑鳩の里の風景を思い浮かべることができる。これは大変な能力だ。

この均質性、社会言語学などでいうところのハイコンテクストな（相手のコンテクスト、相手が何が言いたいのかを察しやすい）社会が、日本をアジアの中でいち早く近代国家へと導いたことは間違いないだろう。我々は、組織だって、一丸となって何かを行うと

きに、まさに阿吽の呼吸で大きな力を発揮する。

だが一方で、こういった「察しあう」「口には出さない」というコミュニケーションは、世界においては少数派だ。少数派だからダメだと言っているわけではない。少数派の強みもある。たとえば私が暮らす芸術の世界などは、少数派の利点も随分とある（この点は第六章で詳しく述べる）。

あるいは、現代社会のようにキリスト教とイスラム教という一神教同士が正面からぶつかりあっている世界の現状を見ると、「まぁ、まぁ、そこはお互い察しあってさ」という仏教的というか、日本的というか、そのような曖昧で慈愛に満ちたコミュニケーションの形が、なんとなく世界平和に貢献できる部分もあるのではないかと感じることも多い。

だが、そうは言っても、やはり文化的に少数派であるという認識は、どうしても必要だ。そうでないと、ビジネスや日常生活の場面では、日本人は、いつまで経っても理解不能な変わり者扱いになってしまう。

そして、否が応でも国際社会を生きていかなければならない日本の子どもたち、若者たちには、察しあう・わかりあう日本文化に対する誇りを失わせないままで、少しずつでも、他者に対して言葉で説明する能力を身につけさせてあげたいと思う。

だがしかし、「説明する」ということは虚しいことでもある。

柿くへば　鐘が鳴るなり　法隆寺

を説明しなければならないのだ。柿を食べていたら偶然鐘が鳴ったのか。鐘が鳴ったから、柿を食いたくなったのか。法隆寺はなんの象徴か。こんな身も蓋もない説明を、しかし私たちは、他者に向かって繰り返していかなければならない。

TPP（環太平洋戦略的経済連携協定）に入ったからと言って、第三の開国が成就するわけではない。本当に私たちが行っていかなければならない精神の開国は、おそらくこの空虚に耐えるという点にある。コミュニケーションのダブルバインドを乗り越えるというのは、この虚しさに耐えるということだ。

対話と対論の違い

「『対話』と『対論』はどう違うのですか？」という質問もよく受ける。

「対論」＝ディベートは、AとBという二つの論理が戦って、Aが勝てばBはAに従わなければならない。Bは意見を変えねばならないが、勝ったAの方は変わらない。「対話」は、AとBという異なる二つの論理が摺りあわさり、Cという新しい概念を生み出す。AもBも変わる。まずはじめに、いずれにしても、両者ともに変わるのだということを前提にして話を始める。

だが、こういった議論の形にも日本人は少し苦手だ。最初に自分が言ったことから意見が変わると、何か嘘をついていたように感じてしまうのかもしれない。あるいはそこに、敗北感が伴ってしまう。

「対話的な精神」とは、異なる価値観を持った人と出会うことで、自分の意見が変わっていくことを潔しとする態度のことである。あるいは、できることなら、異なる価値観を持った人と出会って議論を重ねたことで、自分の考えが変わっていくことに喜びさえも見いだす態度だと言ってもいい。

ヨーロッパで仕事をしていると、些細なことでも、とにかくやたらと議論になる。議論をすること自体が楽しいのだろうとしか思えないときも往々にしてある。

三〇分ほどの議論を経て、しかし、たいてい日本人の私（A）の方が計画的だから、その「対話」の結末は、Cというよりは、当初の私の意見に近い「A′」のようなものにな

る。そこで私が、

「これって結局、最初にオレが言っていたのと、ほとんど変わらないじゃないか」

と言うと、議論の相手方（B）は必ず、

「いや、これは二人で出した結論だ」

と言ってくる。

だが、この三〇分が、彼らにとっては大切なのだ。

とことん話しあい、二人で結論を出すことが、何よりも重要なプロセスなのだ。

幾多の（おそらく私よりも明らかに才能のある）芸術家たちが海外に出て行って、しかし必ずしもその才能を伸ばせないのは、おそらくこの対話の時間に耐えられなかったのではないかと私は推測している。様々な舞台芸術の国際協働作業の失敗例を見ていくと、日本の多くの芸術家は、この時間に耐えられず、あきらめるか切れるかしてしまうのだ。日本型のコミュニケーションだけに慣れてしまっていると、海外での対話の時間に耐えきれずに、「何でわからないんだ」と切れるか、「どうせ、わからないだろう」とあきらめてしまう。演劇に限らず、音楽、美術など、どのジャンルにおいても海外で成功している芸術家の共通点は、粘り強く相手に説明することをいとわないところにあるように思う。日本では説明しなくてもわかってもらえる事柄を、その虚しさに耐えて説明する能力が要求される。

私はこの能力を、「対話の基礎体力」と呼んでいる。そして、小中学校の先生方には、「対話の技術は大学や大学院でも身につきますから、どうか子どもたちには、この『対話の基礎体力』をつけてあげてください」

とお願いしてきた。

異なる価値観と出くわしたときに、物怖じせず、卑屈にも尊大にもならず、粘り強く共有できる部分を見つけ出していくこと。ただそれは、単に教え込めばいいということではなく、おそらく、そうした対話を繰り返すことで出会える喜びも、伝えていかなければならないだろう。

意見が変わることは恥ずかしいことではない。いや、そこには、新しい発見や出会いの喜びさえある。その小さな喜びの体験を、少しずつ子どもたちに味わわせていく以外に、対話の基礎体力を身につける近道はない。

冗長率

「冗長率」という言葉がある。

一つの段落、一つの文章に、どれくらい意味伝達とは関係のない無駄な言葉が含まれているかを、数値で表したものだ。

先に掲げた話し言葉のカテゴリーの中で、さてでは、もっとも冗長率が高いのは、どれだろう。当然、多くの方は、「会話」だと考える。「無駄話」というくらいだから、親しい人同士のおしゃべりが、冗長率が高いだろうと感じる。

しかし「会話」は、内容はたしかに冗長かもしれないが、冗長率自体は高くならない。お互いが知りあいだと、余計なことはあまり喋らない。もっとも冗長率の低い話し言葉は長年連れ添った夫婦の会話だろう。「メシ・フロ・シンブン」というやつだ。

もちろん演説やスピーチは、基本的に冗長率が低い方が優れているとされる。「えー」とか「まー」が多用されると聞きづらい。

実は、もっとも冗長率が高くなるのは、「対話」なのだ。対話は、異なる価値観を擂りあわせていく行為だから、最初はどうしても当たり障りのないところから入っていく。腹の探りあいも起こる。

「えーと、まぁ、そうおっしゃるところはわからないでもないですが、ここは一つどうでしょうか、別の、たとえば、こういった見方もあるんじゃないかと……」

とここまで、何一つ語っていない。冗長率は圧倒的に高くなる。

先に、私の戯曲に間投詞が多いという話題を振った理由もご理解いただけたと思う。人間は、たしかに「会話」においては、間投詞を多用しない。それが「対話」のレベルになったときに、間投詞が多用される。

たとえば、以下、小津安二郎監督の『東京物語』の、冒頭を見てみよう。

笠智衆と東山千栄子演じる老夫婦が、東京に住む子どもたちを訪ねていく、その準備をしている場面である。

まずは二人だけで、空気枕をどこに入れたかといったたわいのない「会話」をしている。

とみ「空気枕アそっちへ這入りやんしたか？」
周吉「空気枕アお前に頼んだじゃないか」
とみ「ありゃんしぇんよ、こっちにゃ」

ところが、そこに、近所の「細君」がやってくると、以下のようになる。

細君「お早うござんす」
とみ「ああ、お早う」
細君「今日お発ちですか」
とみ「へえ、昼過ぎの汽車で」
細君「そうですか」
周吉「まア今の中に子供たちにも会うとこう思いましてなア」
細君「お楽しみですなア。東京じゃ皆さんお待兼ねでしょうて」
周吉「イヤア、暫らく留守にしますんで、よろしくどうぞ」
細君「ええええ、ごゆっくりと。——立派な息子さんや娘さんがいなさって結構ですなア、ほんとにお幸せでさ」
周吉「いやア、どんなもんですか」

他者が登場することによって、冗長率が増し、「へえ」「まぁ」「イヤア」などの間投詞が多用されることがわかる。

「対話」においては、冗長率が増す。

逆にいえば、私を批判した批評家が、それまで見てきた舞台には、「演説」のような台詞と、日常会話しかなかったということだろう。日本にはいまだ、本当の近代演劇は成立していない。

冗長率を操作する

私たちが、「あの人は話がうまいな」「あの人の話は説得力があるな」と感じるのは、実は冗長率が低い人に出会ったときではない。冗長率を時と場合によって操作している人こそが、コミュニケーション能力が高いとされるのだ。

たとえばNHKでも、午後七時のニュースと九時のニュースでは、明らかに冗長率が異なる。七時のニュースは、限られた時間内に確実に情報を伝えなければならないから、冗長率は低くなる。九時のニュースでは、必ずしもプロのアナウンサーが進行するとは限らず、そこに、「あれ、これはどうでしょう?」とか「あぁ、これはすごいですね」といった個人の感想も入ってくる。

民放一〇時の「報道ステーション」となれば、さらに冗長率は増す。しかし一部の方に古舘伊知郎さんの評判がよくないのは、少し視聴者の想定以上に冗長率が高いのかもしれない。そういった視聴者には、「余計なことを言うな」と感じさせてしまうのだろう。その点、やはり久米宏さんは、トピックに応じた冗長率の操作が天才的だった。

さて、この「冗長率」という考え方を導入すると、これまでの国語教育、コミュニケーション教育の問題点がより明瞭になる。

日本の国語教育は、この冗長率について、低くする方向だけを教えてきたのではなかったか。「きちんと喋れ」「論理的に喋れ」「無駄なことは言うな」……だが、本当に必要な言語運用能力とは、冗長率を低くすることではなく、それを操作する力なのではないか。

だとすれば、国語教育において、本当に今後、「話す・聞く」の分野に力を入れていこうとするならば、少なくともスピーチやディベートばかりを教え冗長率を低くする方向にだけ導いてきたこれまでの教育方針は、大きな転換を迫られるべきだろう。

『くりかえしの文法』

ここからは、現代口語演劇誕生の後日談になる。

先に私は、ここに掲げた様々な理屈の原型を、韓国留学中に思いついたと書いた。それは間違いではないのだが、これには多少の錯誤がある。

九〇年代後半、私の名前や著作が、狭い世界ではあるが演劇界で少しは流布し始めた頃、ある方から『くりかえしの文法』（大修館書店）という本を紹介していただいた。

日本語教育の重鎮、プリンストン大学東洋学科教授（当時）の牧野成一先生によって書かれたこの名著には、私がこれまでここに並べてきた理屈が、もっと精緻に、そして当然のことだが学問的な裏づけをもって書かれている。

この本は、一九八〇年一一月に出版されている。しかし私は、学生時代にはこの本を読んではいない。読んでいれば、私の現代口語演劇は、もっと、きちんとした理論で積み上げられたものになっただろう。私の発見は、劇作家の直感に過ぎない。

ただ私は、先にも書いたように韓国留学中は日本語を教えるボランティアをしていたので、当時、ソウルで手に入る範囲で、日本語教育関係の雑誌や書籍も目にしてはいた。おそらく（とここからは、後追いの想像なのだが）、その中で、牧野先生ご自身か、あるいは牧野先生の影響を受けた方のエッセイか何かを、偶然読んでいた可能性は非常に高い。

そして、そこから連想して考えた理屈を、さも自分が一人で発見したかのように思い込んでしまったのだろう。そうでなければ、二二歳の若造にしては、この発見はできすぎている。

二〇〇九年五月、私は、プリンストン大学に招かれ、講演会とワークショップを行う機会に恵まれた。前日、ニューヨークからプリンストンに入った私は、レンガ造りの小さな学食の片隅で、憧れの牧野先生に初めてお会いした。私はそのとき、やにわに、手垢にまみれ、付箋がぺたぺたと貼られた『くりかえしの文法』をカバンから取り出し、牧野先生にサインをしていただいた。

七〇歳を超えて、いまも進取の気風に富む牧野先生は、門外漢の私の日本語教育に対する小理屈をおもしろがってくださり、その後も主催する学会の講演や、対談の相手に呼んでくださるようになった。

人生は、辛く哀しいことばかりだけれど、ときに、このような美しい時間に巡りあえる。普段は不定形で、つかみ所のない「学び」や「知性」が、あるときその円環を美しく閉じるときがある。その円環は、閉じたと思う先から、また形を崩してはいくけれど。

第五章　「対話」の言葉を作る

言葉は作られる

前章では、「対話」と「会話」とを区別することが大切だと書いた。そしてまた、「日本社会には、この『対話』という概念が希薄である。いや、（中略）それがほとんど、なかったと言ってもいいかもしれない」とも書いた。

私たちは、いま話されている話し言葉一般を、空気のように自明のものとして使っているが、その多くは、先人によって作られた言葉だということを忘れてはならない。

先に示した様々な話し言葉のカテゴリー、「演説」「スピーチ」「教授」「対論」などはいずれも、明治の人びとが、血のにじむような努力で作り出した言葉だ。

旧帝国大学は、最初の一〇年、ほとんどの授業は、英語か、あるいはドイツ語、フランス語で行われていた。ただ、しかしここが日本人のすごいところで、たった一〇年から二〇年で、多くの授業を教科書も含めて日本語で行えるようにしてしまった。いま、大学生たちは、当たり前のように日本語で授業を受けてノホホンとしているけれど、これは先人の努力のたまものである。

多くの途上国では、いまも高等教育の授業は、英語か、あるいは旧宗主国の言語で行われている。たとえばモロッコという国はワールドカップの開催国に立候補するほどの立派な中進国だが、中学校以上の授業は基本的にフランス語で行われていると聞く。こういった環境では、なかなか民主主義は育たない。言語の習得が、社会的な階層を、そのまま決定づけてしまうから。

論理的な事柄を自国語で話せるようにするのには、ある種の知的操作や、それを支える語彙が必要で、自然言語のままでできるものではない。これは別にアジア、アフリカの言語だけに限った事柄でもない。たとえば、パスカルの書簡だったかと思うが、「これから先はちょっと込み入った話になるのでラテン語で書きます」といった文章が残っているそうだ。一七世紀、まだフランス語では、哲学を語ることはできなかった。

およそ、どの近代国家も、国民国家を作る過程で、言語を統一し、ただ統一するだけではなく、一つの言葉で政治を語り、哲学を語り、連隊を動かし、ラブレターを書き、裁判を起こし、大学の授業ができるように、その「国語」を育てていく。近代日本語もその埒外ではなかった。

「対話」の言葉だけが作られなかった

ただ、日本語は、英語やフランス語が一五〇〇年から二〇〇〇年かけて行った、この言語の近代化を、たった三〇年ほどでほぼ完成してしまった。その先人の努力に私は深く頭を垂れるが、しかし、その性急な過程では、当然積み残してきてしまったものがあるだろう。

その大きな積み残しの一つが、「対話」の言葉ではなかったかと私は考えてきた。

たとえば一般によく言われることだが、日本語には対等な関係で褒める語彙が極端に少ない。上に向かって尊敬の念を示すか、下に向かって褒めてつかわすような言葉は豊富にあっても、対等な関係の褒め言葉があまり見つからないのだ。

欧米の言語ならば、この手の言葉には、まさに枚挙にいとまがない。「wonderful」「marvelous」「amazing」「great」「lovely」「splendid」……。

しかし日本語には、このような褒め言葉が非常に少ない。そこでたとえば、スポーツの世界などで相手を褒めようとすると外来語に頼らざるをえなくなる。「ナイス・ショット」「ナイス・ピッチ」「ドンマイ」……。

だが、ここに一つだけ、現代日本語にも、非常に汎用性の高い褒め言葉がある。

「かわいい」

これはとにかく、何にでも使える。

よく中高年の男性が、

「いまどきの子は、なんでも『かわいい』『かわいい』で、ボキャブラリーがないなぁ」

とおっしゃっているのを見かけるが、ボキャブラリーがないのは、そう言っている私も含めたオヤジたちの方なのだ。

「対等な関係における褒め言葉」という日本語の欠落を「かわいい」は、一手に引き受けて補っていると言ってもいい。

女性からの指示語

他にも、「対話」の言葉が作られてこなかったために、近代日本語に欠落している要素は、いくつもある。

たとえば、いまは女性の上司－男性の部下という関係は珍しくなくなったが、女性の上司が男性の部下に命令するきちんとした日本語というのは、いまだ定着していない。

女性が管理職に就くと、その地位に慣れるまで、昔ならば「男勝り」と言われたような周囲がきつく感じてしまう言葉遣いか、あるいは過度に丁寧な言葉遣いになってしまう傾向がある（具体的な例はあとで示す）。慣れてしまえば、そう問題にならないのだが、初めのうちはぎこちない雰囲気が職場に生まれてしまう。

他にも、病院などで、中高年の男性が入院した際に、若い女性の看護師さんから子ども扱いされたと言って怒り出すケースもあるそうだ。

だがこれは、若い看護師さんの責任ではないと私は思う。日本語の二〇〇〇年あまりの歴史の中で、女性が男性に命令をしたり指示したりする関係は、母親が子どもに指示する関係以外にはなかった。

関係がなければ言葉は生まれない。

法律一つで、社会は大きく変わっていく。男女雇用機会均等法ができて二十数年、諸外国に比べればまだまだ劣っているとはいえ、日本の女性の社会進出は随分と進んできた。しかし、言葉は、社会の変化に追いつかないという宿命を常に背負っている。そこには必ず、タイムラグが生じる。

一八六八年、明治維新が起こって封建制が崩れ、四民平等、努力すれば出世できる、身分を越えた恋愛や結婚も可能になる社会が実現した。しかし、先に示したように、一つの言葉で政治を語ったり、ラブレターを書いたりできるようになったのは、すなわち近代日本語というものがかろうじて確立したのは、おおよそ一九一〇年前後、明治も終わりを告げた頃だろう。ここにも、五〇年近いタイムラグが生じている。

新しい時代の、新しい女性の話し言葉は、いま、確実に過渡期にある。もちろん、言語は常に変化していくものだから、どんな時代でも「過渡期」と名づけてしまえばそれまでなのだが、それが、どこからどこへ向かっての変化なのかを意識することには、多少なりとも意味がある。この点に関して言えば、現代社会は、ジェンダーや年齢といった区別なく、対等な関係で「対話」を行うための言葉を生成していく「過渡期」だと言っていいだろう。

ただし、人間は、言語については、常にとてつもなく保守的であり、自己中心的である。人はみな、自分の喋っている言葉を正しいと思うし、普遍的だと信じてさえいる。しかも、社会の中核にいる人びとほど、その意識は強くなる。

また言語は、合理性だけで変化するわけではなく、美の観点もつきまとう。だから、これを急速に変化させようとすると衝突が起こるし、その変化を人為的に起こそうとするのは危険なことでもある。

たとえば差別語の撤廃は、人為的にどうしても進めていかなければならないが、これに過度に神経質になると言葉狩りのようになって言語としての調和を失ったり、あるいは新たな差別を生み出してしまったりもする。

このように言葉の変化はとてもやっかいだが、しかし、言語的弱者の立場を考えれば、変革をためらうことも罪悪であろう。

私たちは、確実に、歩みを前に進めていかなければならない。

コピーとってください

言葉は変わっていくし、それが新しい社会の要請である以上、その変化に私たちは対応していかなければならない。

では、この「対話」の言葉の生成、変化とは、どのようなものになるのだろうか。もちろんそのようなことを完全に予測することは不可能だけれど、たとえば、いまの時点でも、以下のようなことは言えるかもしれない。

「これ、コピーとっとけよ」

「これ、コピーとって頂戴」

「これ、コピーとって」
「これ、コピーとってください」

さて、上司が部下に、コピーをとることを指示するときに、適切な言葉はどれだろう。男性の上司が、男性の部下に、「これ、コピーとっとけよ」と言っても、あまり違和感はない。いや、一昔前ならそうだっただろうが、いまは少し乱暴だと受けとる部下もいるだろうか。

一方、女性の上司が男性の部下に、同じことを言ったらどうだろう？　これは確実に、ちょっときつい感じに聞こえるだろう。しかし、それは差別ではないか？　現代日本語は、まだ、同じ言葉を使っても、女性が不利になるようにできている。

「これ、コピーとって頂戴」はどうだろう。

女性の上司が男性の部下にこれを言っても違和感はない。しかし、男性の上司が言ったらどうだろう。まぁ、ほとんどの人は、戸惑うに違いない。これもある意味、差別、偏見かもしれない。

では、一番適切なのはどれだろう。

「これ、コピーとって」でもかまわないが、これでも少し、女性が使うときつく感じる人もいるだろうか。

やはり正解（言語に正解などないが）は、「これ、コピーとってください」だろう。男女を問わず、職場では、こういった少し丁寧な言い回しを、役職の上下を問わず地道に習慣づけていく。それ以外に、新しい「対話」の言葉を定着させる方策はない。

では、このとき変わっていかなければならないのは誰だろう。一目瞭然、言葉遣いをもっとも改めなければならないのは、年長の男性だ。

言語的権力

先にも記したように、言語は常に保守的で、変化を好まない。

「そんなことに目くじらを立てる必要があるのか」

という意見もあるだろう。

「それはオレの個性だ。強制されたくない」

と言う人もいるだろう。

だが、そういうことをおっしゃる方の大半は、中高年の男性だ。言語的な権力を無自覚に独占している年長の男性が、まず率先してこの権力を手放さなければならない。

日本語は、大きな諸言語の中で、もっとも性差の激しい言葉の一つである。このことが、無意識のレベルで女性の社会進出を阻んでいることは、おそらく間違いない。社会の変貌と共にこの点が変わっていくのは、もう止めようのない変化である。実際に、中高生くらいまでは、話し言葉の男女差は、急速に縮まってきている。

一方、「男らしさ」「女らしさ」は、日本語、ひいては日本文化の特徴、美点だから捨てるべきではないという意見もあるだろう。だがやはり、私はこの変化を肯定的に捉えるべきだと考えている。

別に私は、フェミニストを気取っているわけではない。

電車の中で、女子高生が、「おい、宿題やっとけよ」といった言葉遣いをしているのを聞くと、普通のおじさんである私は、当然、何となく心が痛む。だが、私たちはこの痛みを甘受せねばならない。女性はこれまで、もっと厳しい差別に苦しみ、心を痛めてきたのだから。

そして、現実には、「強制されたくない」などと言っていられない事態が進行している。

英語を社内公用語とする企業の報道は、珍しくなくなった。「強制されたくない」などと宣っているおじさんたちも、こっそりと英会話学校に通っていることだろう。

英語公用語化と、言葉遣いの改革の問題は違う話だとも言っていられない。英語を公用語化する、あるいは少なくとも会議などを英語で行うようにするのは、国際化という名目以外に、英語の方が、年齢や性差を越えて対等な議論がしやすいという実利的な側面もあるからだ。

もっと身近な変化も起こっている。

上場企業の約四割が、社内では個人を役職で呼ばずに、男女問わず、「〇〇さん」と呼ぶようになっている。

この「さんづけ運動」を、もっとも早く取り入れた企業の一つが、資生堂だと言われている。この運動を開始した当初、社長に就任したばかりだった福原義春氏は、社内掲示のポスターで自ら全社員に向けて、「これからは、まず私を福原さんと呼んでください」と伝えたそうだ。

バブル崩壊以前、一九八八年のことである。これはおそらく、女性の幹部登用が、すでにかなり進んでいた企業だったからこそ、必然的に出てきた改革だったのだろう。

政治家の言葉

企業経営よりさらに重要なのが、政治の世界における「対話」の言葉だ。

およそ、日本のほとんどの政治家は、「対話」の言葉を持たない。そして、これまでは、それでもかまわなかった。

戦後政治を代表する田中角栄という政治家は、とてつもなく「演説」のうまい政治家だった。「川中島で上杉謙信公が勝っていれば、新潟は裏日本などとは呼ばれなかった」と始まる名調子が聴衆を惹きつけた。また彼は、「会話」も得意だった。演説が終わると、選挙カーを降りて、背広に長靴といういでたちでズカズカと田んぼに入っていき、農民たちの肩を叩いて、「やあ、やあ、今年の米の作柄はどうだい」と聞いて回る。これなら選挙に負けるはずがない。

しかし田中氏が、長岡市民と一対一で向きあい、「あなたの考えはそうですか、しかし私の考えはこうです。でも共通点は見いだせますね」というように「対話」を行う姿は想像できない。

中選挙区制は、それでよかったのだ。街頭演説と、選挙カーからの名前の連呼と、そして宴席での会話を巧みにこなして後援会組織の強化に努めていれば必ず当選できた。

しかし小選挙区制は、本来、「対話」を要求する選挙制度だ。政治家のコミュニケーションの在り方も、当然、変わっていかなければならない。

「政治家が小粒になった」

という声をよく耳にする。歴史は常に美化されるから、本当に政治家が小粒になったのかどうかはわからない。過去の、どんなに立派に見える政治家も、意外とせこい汚職事件なども起こしている。その客観的評価はどうでもいいのだが、開き直って、私は政治家は小粒でもいいのではないかとも思う。

他方、政治家に強いリーダーシップを求める声が根強いことも承知はしている。二〇一一年の大阪府知事・市長選の選挙結果はまさにそのあらわれだろう。強いリーダーシップが、私たちを本当に、未来永劫幸せにしてくれるのなら、それもいい。しかし、そこには当然リスクもあるだろう。しかもそれは、原発事故並みに取り返しのつかない大きなリスクだ。

民主主義が権力の暴走を止めるためのシステムだとするなら、小粒かもしれないが、市民一人ひとりとの「対話」を重視する政治家を生み出す小選挙区制というシステムは、成熟社会にとっては、存外悪い制度ではない。熱しやすく冷めやすい日本民族の特性を考えるなら、議院内閣制もまた、さして悪い制度だとは思えない。

「対話」のない国家

二〇世紀、日本、ドイツ、イタリアが、なぜあの無謀な戦争を引き起こしたのか。原因や理由は様々にあるだろう。

たとえば、枢軸国の共通点として、帝国主義の競争に遅れて参加した三ヵ国が、無理にその再配分を目指して起こした戦争だといった見方。

だが、言葉の観点から言えば、「対話」の言葉の欠如がファシズムを招いたのではないかと想像することはできないだろうか。

この三ヵ国は、いずれも英仏に比べると国家の統一が遅れ、ビスマルクの「鉄血政策」に代表されるように、強い軍隊、強い国家を作るために、国語の統一を急いだ。

明治維新が一八六八年。イタリア半島がほぼ統一されるのが一八七〇年。ビスマルクの初代ドイツ帝国宰相就任は一八七一年。英仏米を除けば、主要国の国民国家としての歴史は、実は意外なほどに浅い。

後発の国民国家は、すでに答えの出ている近代国家のシステムを、合理的に、エッセンスだけを模倣しようとする。そこでは、無駄は排除され、スピードだけが要求される。冗長性が高く、面倒で、時間のかかる「対話」の言葉の生成は、当然のように置き去りにされた。強いリーダーシップを持った為政者にとっては、「対話」は無駄であり、また脅威でさえあるからだ。

そうして強い国家、強い軍隊はできたかもしれないが、その結果、異なる価値観や文化を摺りあわせる知的体力が国民の間に醸成されることはなく、やがてそれがファシズムの台頭を招いた。

ドイツは二度の大戦に敗れ国家が分割されたし、日本は国家存亡の危機にまで追い込まれた。強いリーダーシップの代償としては、大きすぎるリスクではなかったか。

あるいはロシアという国家。

この国は、近代国家の成立を待たずに革命が起こり社会主義国家となった。当然、共産党一党独裁の政権に「対話」の言葉はない。

ソヴィエトが崩壊し、民主化がなったあとでも、彼の国が私たちには多少理解しがたい政体を維持しているのは、おそらくロシア語にもまだ「対話」の概念が少ないからではないかと思われる。もちろん、いまの中国にも。

そして、再び、演劇の話。

「対話」を意識する

・日本語はまだ「対話」の言葉を確立していない。
・近代演劇は、「対話」の言葉を重要視する。

だとすると、三段論法でいけば、日本には近代演劇は育たないことになってしまう。

だが、実際はそんなことはない。「対話」の苦手な日本人だからこそ、気がつける部分がある。

海外の大学や演劇学校で、このような「対話」と「会話」の違いの話をしても、日本と同じような感想が返ってくる。

「そう言われればそうだが、考えたこともなかった」

ただし、その内実は少し違う。欧米では、「対話」はコミュニケーションの前提になっているので、ことさら、この点を指摘しなくても、自然に「対話」を作ることができる。

しかし、戯曲創作の過程では、これを意識する手法を身につければ、一層確実にいい作品が書けるようになることは間違いない。

そうであるなら、苦手なだけに、意識化できる私たち日本人作家にも勝ち目はある。

その小さな勝ち目に賭けて、私は今日も戯曲を書いている。

第六章　コンテクストの「ずれ」

大阪大学コミュニケーションデザイン・センター

演劇の創作活動以外に、ワークショップという名の演劇講座を始めて、二〇年近くになる。初めは高校の演劇部の指導などが多かったが、いまは大学、大学院で教える他に、高齢者向けや障害者を対象としたもの、あるいは海外の大学や演劇学校でも教えるようになった。

いまの私の本務校は大阪大学で、ここでは主に大学院生を対象に、演劇を通じてのコミュニケーション教育を行っている。

阪大は、医学部、工学部を中心とした関西ではお堅いイメージの大学で通っている。この大阪大学に、二〇〇五年、コミュニケーションデザイン・センターという教育機関が作られた。私は当時の鷲田清一副学長（のちの総長）から、このセンターの立ち上げを手伝ってくれないかという誘いを受け、阪大に赴任することとなった。東京生まれで東京育ちの自分が、まさか大阪大学に勤めるようになるとは思ってもいなかった。

国立大学であるから、採用にあたっては、総長面談というものがある。なかば儀式のようなものだが、居並ぶ総長、副学長のお歴々を前に、業績審査が行われる。とはいえ、学位もないし、さしたる学者としての業績もない私だから、審査とは名ばかりで、すぐに雑談になってしまった。最後に聞かれたことは二つ。

「関西弁は大丈夫ですか?」

「タイガースのファンになれますか?」

演劇を創る授業

実際の授業では、様々な形の演劇ワークショップを通じて、コミュニケーションについて関心を持ってもらおうと考えている。念のためにあらかじめ書いておくが、演劇をやったくらいでコミュニケーション能力がつくわけではない。世間で言われるところの「コミュニケーション能力」なるものが、そうとうに胡散臭いものであることも、これまでの各章で再三指摘してきたところだ。

私の役割は、せいぜい、特に理系の学生にコミュニケーション嫌いを少なくして、余計なコンプレックスを持たせないこと。コミュニケーションの多様性、多義性に気がついてもらうこと。そんな程度のことだと思っている。

原発事故の事後対応の混乱などを見ても明らかなように、科学コミュニケーションや医療コミュニケーションは、現代社会にとって科学や医学そのものと同等程度に深刻な問題になっている。そしてそれを研究したり教育したりする機関も、各大学に少しずつ生まれている。しかし私たちのセンターがユニークなのは、その議論を行う以前に、演劇やダンス、あるいはデザインなどを実践経験することで、「対話」の前提となるような身体のセンスを身につけさせようとしている点にある。

私自身、様々な授業を出しているが、コース（高度副プログラムと呼ばれている）の最後は、学生たちと一学期をかけて演劇を創るという授業を行っている。

阪大大学院の全研究科から学生が集まり、五人から八人くらいのグループに分かれて、テーマや場所の設定、登場人物の吟味、プロットの制作など、すべてを自分たちで行っていく。複数のグループがそれぞれ演劇を創っていくので、最初の二回の授業以外は、最後の創作発表まで、受講者全員が集まることはない。グループで一つのこと（たとえば登場人物と配役）を決めるごとに私と面談をし、許可が下りると次のステップに進める。

個別の専門研究、修士論文、就職活動と忙しい大学院生たちが、自分たちで時間をやりくりし、プロジェクトを進めていく。そのこと自体に、この授業の意味があると私は考えている。異なる領域の人間が、限られた時間の中で優先順位を決めながら、ゴールに向かって進んでいく。多くの学生たちが、授業後の感想レポートに、「大学院に来てから、他の領域の学生とこんなに長く話したのは初めてだった」と書いてくる。

出来上がった作品も、なかなかユニークなものが多い。たとえば、あるチームは、宇宙ステーションを舞台にして、日本人と中国人とインドネシア人の宇宙飛行士が、どのタイミングで新年を祝うかでもめるというコメディを作った。メンバーの中には、地球物理学を専攻している学生もいて、時々専門用語を生かした独特な会話もみられた。

これまでの数年間で一番面白かったのは、理系のポスドクばかりがアルバイトで集まるファミレスという設定で、厨房の中で高分子化合物だの非対称理論だの理系の専門的な話が延々と続けられるというものだった。お皿は素数でしか出せないとか、それぞれの店員にこだわりがあって、それ故にこの店はとても暇になっている。さらに、この店の店長が、かつて将来を嘱望された天才物理学者だったのだが、教授と喧嘩して大学を辞めたという設定も秀逸だった。理系の男子ばかりが一つのグループに集まってしまったハンディを、うまく創作に生かした。

「言い出しかねて」を考える

あるいは、看護の学生が多かったチームの癌告知に関する劇も印象に残っている。

この班は、認知症の義母を介護している主婦が、自分自身が乳癌だと宣告され、それを家族にどう伝えるか、その話を切り出す前の一五分間を描いた台本を作った。参加者全員が演劇を創るのは初めてなので、どのチームも最初はステレオタイプの戯曲を書いてくる。この班も、一度目は、夫が仕事人間で理解がなく、なかなか話を聞いてくれないという設定を考えてきた。しかし、それではダメなのだとドラマの構造を説明して、改訂を続けていく。

最終的には、夫はいつも妻に対してすまないと思っていて謝ってばかりいる。娘は結婚式を一ヵ月後に控えていて、式のあとは新郎についてドバイに行く予定で幸せの真っ最中。妻だけが一人で悩みを抱えて言い出しかねているという状況を考えてきた。

発表の演技も素晴らしく、上演は大成功に終わった。授業終了後のレポートでは、「看護学科で癌告知のロールプレイはやったことがあるが、その告知された患者さんが、それをどう家族に伝えているかは考えたこともなかった。そのことを、異なる研究科の学生たちと半年間にわたって考えられたのは貴重な体験だった」と多くの学生が記した。

先にも書いたように、いま、医療コミュニケーションの問題はどこの大学でも取り組んでいて、おそらくそれなりの成果もあげている。だが、そこで取りあげられる多くの事象は、はっきりとしたコミュニケーション不全やハラスメント、あるいはインフォームド・コンセント（医師の説明責任や患者さんとの合意形成）の問題などが主流である。ただ、本当に大事なことは、そして一般社会でもっとも多いのは、先の劇の中の主婦のような、「言い出しかねて」「言いあぐねて」といった部分なのではないか。演劇は、まさにそういった曖昧な領域を扱うのには、たいへん優れた芸術であり、またそこから引き出される教育的な効果も確実にあるだろう。

列車の中で話しかける

他の多くの授業は、コミュニケーションゲームと呼ばれる簡単なエクササイズから入って、テキストを使ったいくつかのワークショップとアートマネジメントなどのレクチャーを組みあわせて進んでいく。

たとえば、これまで一番多く使ってきた教材の一つに、「列車の中で他人に声をかける」というスキットがある。この教材は二〇年近く使ってきて、すでに様々なところで、その内容を書いたり喋ったりしてきたのだが、いま一度、最新の情報も盛り込みながら、ここで整理をしておきたい。

列車の中、四人がけのボックス席で、AとBという知りあいの二人が向かいあって会話をしている。そこに、他人のCがやって来て、「ここ、よろしいですか？」といった席の譲りあいのやりとりがあり、Aさんが「旅行ですか？」と声をかけ、世間話が始まるところまでがスキットになっている。

一見、なんの変哲もない台本だが、いざ、これを高校生などにやらせてみると存外うまくいかない。初対面のはずなのに、妙に馴れ馴れしくなってしまったり、逆に力が入って「旅行ですか？」が尋問口調になってしまったりする。

九〇年代の半ば頃、こういったワークショップを高校生対象に始めたときには、どうして彼らがうまく発話できないのか自体がよくわからなかった。それまで私は、プロの俳優や自分の劇団員としか仕事をしたことがなかったから。

そこで高校生に「どうして、これが難しいのかな？」と聞いてみると、いかにも高校生らしい答えが返ってきた。「私たちは、初めて会った人と話したことがないから」と言うのだ。誰でも最初は初対面だろうと思うのだが、とにかく他者との接触が少ないということなのだろう。私自身は高校にほとんど行っていなかったので、よくわからなかったのだが、あぁ、まぁそういうものなのかと納得はした。

そうこうするうちに、カルチャーセンターでの仕事などが増えてきて、社会人向けの講座も多く持つようになった。ここでも意外と、他人に話しかけるのが苦手な人が多いことがわかってきた。

日本の中高年の男性には、席の決まった宴会ならいいけれどもカクテルパーティーは苦手という人が結構いる。何を話していいかわからないと言うのだ。まぁせいぜい野球の話でお茶を濁す。「今年も巨人はあいかわらず」とか「ダルビッシュはどうですかね」といった具合に。しかし最近では、野球に興味のない若者も増えているので、この話が適切とも限らない。「すみません、野球に興味がないんで」と言われたら、もうそれでおしまいだ。やがて話すこともなくなり、後ずさりして、壁際に近づいていくことになる。

あぁ、みんなけっこう人に話しかけるのは苦手なんだなということに気がついて、それ以来ワークショップの参加者に、必ず以下の質問をするようになった。

「列車や飛行機で他人と乗りあわせたときに、自分から声をかけますか？　あるいは、かけませんか？　または場合によりますか？」

いまは、まず列車の長旅自体が少なくなってしまった。私が大学生の頃までは、北海道や九州に行くとなれば一〇時間以上列車に乗っているのは当たり前だったが、いまは飛行機が安くなって、そんな悠長な旅の方が贅沢だ。ボックス席の長距離列車も、ほとんどなくなってしまった。だから海外に行く飛行機の中などをイメージしてもらって、自分から話しかける、いや話しかけられれば答えるけれども、自分からは話しかけないといったことを考えてもらう。

日本国内でこの質問をすると、だいたい「話しかける」に手を挙げるのは一割程度になる。大阪地区だけは少しこの数値が上がるのだが、あとはおしなべて近い数字になる。半分以上が「自分からは話しかけない」という人びと。そして残りの二、三割が「場合による」となる。

続けて、「場合による」に手を挙げた人たちに、どんな場合なら話しかけるのかを聞いてみる。まずたいていが、「話しかけやすい人」という答えが返ってくる。そこで私は、「では、どんな人が話しかけやすいですか？」と聞き返す。ここからは人によって様々で、「怖そうじゃない人」「子ども連れ」「相手が一人旅だったら」というような答えが多い。「同世代だったら」といった答えもあって、そういうときには、あらためて全員に、

「では話しかけるとしたら、年上が話しかけやすいですか、同世代ですか、年下ですか？」と問うてみる。

これもたいてい意見が分かれて、全国的な平均は年上四割、同世代四割、そして年下が二割といったところか。年下は少数派なので、二割くらいの人が手を挙げると、会場から「えー」と声が上がる。人はみな、自分の言語規範を、他者にも押しつけたがるものだから。このように人びとの志向はバラバラになるのだが、一般的に言えることは、やはり「相手による」という点だ。

もちろん自分（Aさん）の体調も大事だが、話しかけるかどうかの主な要素は相手（Cさん）による。普段は話しかけるという人でも、相手がとても怖そうな人だったら話しかけるのをためらうだろうし、「自分からは話しかけない」という方に手を挙げた人も、相手が赤ん坊を抱いていて、その赤ん坊がじゃれついてきたりすれば、「かわいいですね」などと、何か言葉をかけるだろう。

「相手による」は文化にもよる

まったく同じワークショップをキャンベラ大学で行ったときに、同じ質問をオーストラリアの大学生、大学院生にぶつけてみた。

「どんな場合に話しかけますか？」

そこでも先のような感じの答えが返ってきたのだが、その中に「人種や民族による」という答えがあった。これは相手によるのではなく、話しかける側のAさんがイギリスの上流階級の教育を受けていたら、自分からは話しかけないだろうと言うのだ。

オーストラリアの富裕層の中には、子弟をイギリスのパブリックスクールに送る家もあり、そういうところで教育を受けてくると、他人に話しかけなくなるそうだ。イギリスの上流階級では、「人から紹介されない限り、むやみに他人と話してはならない」というマナーがあるらしい。「だからあいつらお高くとまってるんだ」という、オーストラリア人のイギリス人に対する偏見も、明らかにあると思うのだが、しかしそういうマナーがあるのも事実のようだ。

ちなみに、イギリスの大学でワークショップを行った際にも同じ質問をしたのだが、約三割の学生が「話しかける」に手を挙げた。ただし学生たちは、「そういう階級があることは事実だ」とも話していた。

オーストラリアやアメリカでは、「話しかける」が五割を超える。実際に旅行などして

イギリス・リーズ大学でのワークショップ風景

いても、彼の地ではよく話しかけられる。アメリカでも東海岸より中西部や西部の方が、話しかけられる率は圧倒的に高い。開拓からの歴史が浅く、自分が相手にとって安全な人間であるということをいち早く示さなければならないような風土が残っていると、「話しかける」率が高くなるということだろう。

私はここで、学生たちに次のような説明をする。

アメリカのホテルに泊まって、エレベーターで他人と乗りあわせて無言でいるということはまずない。「Hi」とか、「How are you?」とか、とりあえず何かを言う。言わないまでも目で微笑みあったりする。

さて、翻って我が日本と日本人はどうだろ

うか？　たいていの日本人は、エレベーターに乗ると無言で階数の表示を見上げる。

さて、では、エレベーターの中で見知らぬ人と挨拶をするアメリカ人は、とてもコミュニケーション能力が高くて、私たち日本人はコミュニケーション能力のないダメな民族なのだろうか。私は、どうも、そういう話ではないような気がしている。

アメリカは、そうせざるをえない社会なのではないか。これは多民族国家の宿命で、自分が相手に対して悪意を持っていない（好意を持っているではなく）ということを、早い段階でわざわざ声や形にして表さないと、人間関係の中で緊張感、ストレスがたまってしまうのだ。一方、本書でも繰り返し書いてきたように、私たち日本人はシマ国・ムラ社会で、比較的のんびり暮らしてきたので、そういうことを声や形にして表すのは野暮だという文化の中で育ってきた。

これは文化や風土の違いだから、善し悪しではないし、まして優劣でもない。これを優劣とするなら、私たちは一四〇年前にさかのぼって、もう一度お雇い外国人を招き、欧米のコミュニケーションについて学ばなければならないことになる。しかし、いま、私たちが抱えている問題の本質は、そこにはないだろう。

それぞれの国や民族には、それぞれのコミュニケーションの文化があり、それはそれぞれ尊く、美点がある。と同時に、当然、他国の文化にも学ぶべき点もあるだろう。まずそれを議論の前提にしなければ、冷静な問題把握はできない。

その上で、多くの人が感じているのは、要するに、「日本もそうも言っていられない社会になってきた」ということではあるまいか。そして、少なくともコミュニケーション教育に関わる人間は、この「そうも言っていられない」という点を、きちんと分析し、問題を切り分けていく必要がある。「TPPも来るし、いろいろたいへんだ、ワッハッハ」といった居酒屋談義で済ますのではなく、私たちが培ってきたコミュニケーションの文化の、何を残し、何を変えていかざるをえないのかを、真剣に考える必要がある。

少数派であるという認識

たとえば、国際化の問題も、その切り分けの一つとして考えた方がいい。

大阪大学の大学院まで来て、「今後一生、外国人と話しません」という学生はいない。これから先、否が応でも国際社会に出て行かなければならない日本の若者たちには、日本人の奥ゆかしく美しい(と私たちが感じる)コミュニケーションが、国際社会においては少数派だという認識は、どうしても必要だ。

ここで学生たちに繰り返し強調するのは、第四章でも触れたように、「少数派だからダメだと言っているわけではない」という点だ。それは優劣ではない。また、少数派の強みもある。たとえば私が生きている芸術の世界では、少数であることは強みでもある。私の戯曲が毎年フランスで上演をしてもらえるのは、自分が日本文化を背負っているからだと私は認識している。パリには世界中から芸術家が集まってくる。その中で私に仕事の依頼が来るのは、私が彼らの持っていないものを持っていて、しかもそれを彼らの文脈で説明できるからだろう。もしそうでないならば、「フランス語もできない、英語もへたなダメな奴」という扱いで終わっていたはずだ。

ただし、通常のビジネスの世界、あるいは研究者の世界では、私たち日本人のコミュニケーションの形は少数派だという認識がどうしても必要だ。私自身も、その芸術表現は日本的であるけれど、海外の俳優やメディアにその内容を説明する際には過剰なほどに饒舌になる。

九〇年代、私が日本の演劇界にデビューして間もなく、何人かの評論家から「平田は自己宣伝がうまい」といった批判を受けた。私はその批判自体に強い違和感を覚えた。いったい、何を批判されているのかも、よくわからなかった。その批判自体が日本特有のものだと相対化できたのは、ヨーロッパで仕事をするようになってからだ。欧米では、自分の芸術について語れない芸術家は無能扱いされる。

翻って我が国では、芸術家が自作を語ったり、その構造を説明するのは、野暮なことだとされる。そういうことを表立って行うのは、二流の芸術家だという雰囲気さえもある。私自身、このギャップに当初は気がつかなかったし、いまも悩むときがある。

というわけで、私たちは国際社会の中で、少なくとも少数派であるという自覚を持つ必要がある。またそこで勝負をするなら、多数派にあわせていかなければならない局面が多々出てくることも間違いない。ただそれは、多数派のコミュニケーションをマナーとして学べばいいのだと、これも学生たちには繰り返し伝えている。魂を売り渡すわけではない。相手に同化するわけでもない。

コミュニケーション教育は、人格教育ではない

この点は、第一章で詳しく触れたことだが、日本の学校の先生方は真面目だから、どうもコミュニケーション教育と人格教育を混同しがちになる。しかし、コミュニケーションは、それ自体がそれぞれ独自の文化と呼べるものだから、善し悪しではないし、まして優

劣ではない。

それぞれのコミュニケーションの文化には、それぞれの特徴があり、由来があり、おそらく欠陥もあるだろう。その欠陥は、異文化と接触したときに露呈することが多い。しかし欠陥があったからといって、自分たちの文化を卑下することはないし全否定する必要もない。

イヌイットは、雪を描写する言葉を数十も持っていると言われる。一方、私たちの日本語は、色彩に関する表現では、世界有数の語彙を有すると言われる。白一色のイヌイットの世界では、色彩の語彙は少ない。

それぞれの言葉には、歴史性があり文化がある。色彩の語彙が少ないイヌイットが、人間として何かが劣っているわけではない。おそらく日本語はイヌイットよりは雪の描写の語彙は少ないだろうが、それで我々日本人が何かに劣っているわけでもないし、生活に不便もない。

遠回しの話になってしまったが、言いたいことは簡単なことだ。

「コミュニケーション教育、異文化理解能力が大事だと世間では言うが、それは別に、日本人が西洋人、白人のように喋れるようになれということではない。欧米のコミュニケーションが、とりたてて優れているわけでもない。だが多数派は向こうだ。多数派の理屈を学んでおいて損はない」

この当たり前のことが、なかなか当たり前に受け入れられない。

しかし、これを受け入れてもらわないと困るのは、日本人が西洋人（のよう）になるというのには、どうしても限界があるからだ。もしこれを強引に押し進めれば、明治から太平洋戦争に至るまでの過程のように、どこかで「やっぱり大和魂だ！」といった逆ギレが起こるだろう。

身体に無理はよろしくないのであって、私たちは、素直に、謙虚に、大らかに、少しずつ異文化コミュニケーションを体得していけばよい。ダブルバインドをダブルバインドとして受け入れ、そこから出発した方がいい。

だから異文化理解の教育はやはり、「アメリカでエレベーターに乗ったら、『Hi』とか『How are you?』と言っておけ」という程度でいいはずなのだ。

私たちは、西洋料理を食べるためにナイフとフォークの使い方を学ぶ。しかし、ナイフとフォークがうまく使えるようになったところで人格が高まるわけではない。人格の高潔な人間が、必ずナイフとフォークがうまく使えるわけでもない。マナーと人格は関係ない。丁寧とか、人に気を使えるとか、多少の相関性はあるのだろうが、現実世界では、とても性格は悪いけれどナイフとフォークの使い方だけはうまい奴などざらにいるし、またその逆もあるだろう。

繰り返し言う。コミュニケーション教育は、人格教育ではない。

話しかけにくい社会

話を元に戻そう。

列車の中で、他人と乗りあわせたときに、自分から話しかけるかどうかは、国によって違うという話題だった。

開拓からの歴史が浅いアメリカやオーストラリアはやたらと話しかけてくる。イギリスは、同じ英語を使っていても歴史の古い国なので、階級や住んでいる場所によって、ずいぶんとイントネーションが違ってくる。そうなると、誰かに相手をきちんと紹介してもらわないと、どんな英語で話しかけていいのかが定まらないから、話しかけにくいのではないだろうか。

こう考えていくと、日本語も多少、他人に話しかけにくい言語だということがわかる。

日本語や韓国語は敬語が発達しているので、相手との関係が決まらないと、どんな言葉で話しかけていいかが決まらない。

韓国語は、年齢の上下によって、敬語が厳しく決定される。一方、日本語は、社会的な関係で敬語が決まってくると言われている。大学の教員などしていると、別に尊敬はされていなくても、だいたい世間の人は敬語で話しかけてくれる。

韓国ではそうはいかない。一つの年齢の違いでも、厳しく敬語を使い分けなければならない。

以下、多少余談だけれど、学生に言語コミュニケーションに関して興味を持ってもらうために、私は以下のような例を話す。

同じ儒教社会でも、日本のそれは、「なんちゃって儒教」とでも呼ぶべきいいとこ取りの儒教である。一方、本家中国以上のガチガチの儒教社会が長く続いた韓国では、長幼の序は、もっとも尊ぶべき規範の一つとして、現代社会でも生活の中にその習慣が根づいている。

それはただ単に、年寄りが大事にされるということではない。年上にも、それなりの責任が生じる。

たとえば韓国では、割り勘ということがほとんどない。大学生でも、腹を空かした下級生は先輩を捜すし、金のない四年生はどこかに隠れている。「先輩、飯食いに行きましょう」というのは「おごってください」という意味だし、「飯食いに行くぞ」というのは「おごるぞ」という意味になる。

大学生くらいなら金額も限られるが、社会人となると、これは大変だ。私たち演劇界の人間は、芝居がはねれば、必ずといっていいほど飲みに出かける。ここでも年輩の者が、全額を支払わなければならない。いまはもうだいぶ緩やかになってきたが、年上の者の前ではタバコも吸わない。さらに、最年長者が帰るまでは、帰宅することもできなかった（この習慣は、いまはもうほとんどないと思うが）。日本のように「ちょっと終電なんで」というのは理由にならない。そのかわり終電を過ぎたら、最年長者は全員にタクシー代を配らなければならない。私も実際、そのお金をもらったことが何度かある。

まことに私たちは、「なんちゃって」でよかった。儒教社会は下が大変そうに見えるが、上も同様に大変なのだ。それでもかつてなら、年長者は圧倒的な収入があったのだろうが、現代社会ではそうはいかない。いまは「上」の方がきついくらいだ。

学生たちには、あるいはこんな例も話す。

二〇〇二年のサッカーワールドカップ日韓大会。日本はベスト16に進出し、韓国は審判の誤審に助けられた点もあったかもしれないが、ベスト4にまで躍進した。

大会前の下馬評では、組み合わせの有利さもあって日本の方が上まで行ける可能性が高いのではないかと噂されていたが、韓国は、ポルトガル、イタリア、スペインと強豪国を次々に破って、日本以上の大きな成果をあげた。

この躍進の陰には、チームの言語改革があったと言われている。

二〇〇〇年前後から、韓国代表チームは低迷期にあり、二〇〇一年のコンフェデレーションズカップで準優勝を果たした日本に、実力的に追い抜かれたと韓国内のマスコミも騒ぎ出した。

そこで韓国サッカー協会は、五年ぶりに外国人監督を招くことを決意する。日本でも有名なオランダの名将フース・ヒディンクである。

韓国のスポーツ界は極端なエリートシステムを採用しており、サッカーでも野球でも、高校の全国大会でベスト4、ベスト8あたりに入っていないと、強いクラブのある大学に進学することが難しい。日本のように、高校時代には無名だった選手が遅咲きで活躍するといった余地は少ない。スポーツの指定校制度があって、トップに至る道は限られている。そのため代表チームともなれば、すべての選手が高校、大学、Kリーグのどこかの段階で先輩－後輩の関係にある。先に書いたように、韓国社会では、この関係は絶対だ。ただでさえ年齢による敬語の使い分けが厳しいのだから、当然、後輩は、そうとう丁寧な敬語で喋らなければならない。

しかも韓国語の敬語は、敬意が強ければ強いほど、言葉をつけ足し、長く伸びていく性質を持っている。だから極端に言えば、パスをする際には、いちいち、「先輩様、ボールをお蹴りいたします」といった感じの言葉遣いになってしまう。あの激しいサッカーの動きの中で、これはいかにも面倒だ。

ヒディンクは、そこはさすがに名将たる所以で、何度か練習を見るうちに、「何かがおかしい」と感じたらしい。フィールド内の上下関係が厳しく、使っている言葉も人間関係によって違う。そこで事情を聞いてみると、韓国語では年齢に応じて敬語を使い分けなければならないということがわかってきた。

ヒディンクは、選手を集めて以下のようなことを伝えた（ここからは私の想像だが）。

「私は外国人であるから、これまでの学閥にとらわれた選手起用はしない（実際、それまでは代表監督が替わると、その出身大学の同窓生が優遇されるというような傾向があった)。そのかわり、君たちもフィールド内では年齢に関係なく対等な言葉を使い、名前も呼び捨てにして欲しい」

これは、韓国語を母語とする者にとっては、大きな変革であった。しかし、この改革がチームの連携を強め、さらには個々の力を引き出し、のちの韓国の躍進につながったと言われている。

ちなみに日本チームは、三浦知良選手や中田英寿選手が早くから海外に出て、「フィールド内では上下問わず呼び捨て(あるいはあだ名で呼ぶ)」というコミュニケーションを身につけていたので、そうとう早い時期から対等な呼び名の習慣ができていたようだ。

この一連の物語は、私たちに様々な示唆を与えてくれる。敬語は、日本語や韓国語の根幹をなす大きな特徴であり、またそれは、単に言語の問題を越えて、文化全体を支えている要素でもある。しかし、グローバルな社会で、国際水準の仕事をしようとすると、その「文化」さえも捨てなければならない、捨てないと勝ち進めない局面が少なからず出てくる。では私たちは、何を守り、何を捨てていくべきなのだろうか。これは、そう簡単には答えの出せない問いかけだ。

「何年生まれですか？」

第四章でも記したように、私が韓国に留学したのは二二歳から二三歳の一年間だ。年若き留学生であるから、周囲はたいてい年長者で、その上、外国人であるから、丁寧な、年上向けに喋る韓国語ばかりを習ってきた。いまは大学の教員となり、韓国からの留学生が授業のアシスタントについてくれることも多くあるのだが、そういったときに彼ら、彼女らと韓国語を話すと、「先生、どうしてそんなにバカ丁寧な言葉で話すのですか？」と笑われる。

韓国では、一つ年上でも敬語で話さなければならない。逆に年下にも、それなりの言葉で話さなければ笑われる。

おそらくかつての封建社会ならば、これでなんの問題もなかった。お互いの関係ははっきりしているし、その関係は明日も今日と変わらない。しかし、私たちは現代社会に生き、同世代の人と初対面で会うことなど茶飯事だ。実際、韓国では、初めて会う相手が年上か年下かわからずに戸惑うということが間々ある。

だが、言語というのはうまくしたもので、韓国語では挨拶の初期の段階で、相手の年齢を聞くという習慣がある。だいたいは、「何年生まれですか？」と尋ねる。これはおそらく、数え年か満年齢かなどで混乱が起こらないようにという配慮からだろう。干支を聞く場合も多い。

さて、それで、男性同士のコミュニケーションはスムーズに発進するのだが、やはり女性と対面したときには困ることがある。先のアシスタントの留学生に聞いたところでは、韓国の女性は年齢を聞かれるのをあまり嫌がらないというのだが、私の方からすれば初対面の女性にいきなり年齢を聞くというのは少し勇気がいる。

逆のケースもある。

現在、日本から韓国に渡る観光客の約八割が女性だと言われている。私が留学した頃とは隔世の感がある。この大挙して韓国を訪れる日本女性たちから、「韓国の男性にいきなり年齢を聞かれ不愉快な思いをした」といった苦情が、韓国政府観光局に多く寄せられているそうだ。しかし、韓国の男性からすれば、年齢を聞かないとコミュニケーションが始まらないのだから、これは致し方ない事態である。

「旅行ですか？」という台詞

さて、ことほど左様に、話しかけるという行為一つとっても、お国柄、民族性、国民性といったものが表れる。

先に書いたように、日本では、列車の中で他人に話しかけるのは一割に過ぎない。一方、アイルランドのダブリン市立大学でワークショップを行ったときには、なんと全員が話しかける方に手を挙げた。どのような場合に話しかけるかという議論にさえ進めなくなってしまった。

たしかに、ダブリンでパブに入ると、本当にみな、気さくに話しかけてくる。しかし、アイルランドとイギリスは隣の島である。いまは同じ英語を使っている。それでも、これほどに差異が出るのだ。

さて、やっと演劇に話が戻る。

俳優は、台本を渡されると、多かれ少なかれ、その演じるべき対象の人柄を想像しながら演技を行う。これを通常、「役作り」と呼ぶ。上品な人なのか下品な人なのか、怒っているのか悲しんでいるのか、集中しているのか心ここにあらずか……。何らかの想像をしながら、俳優は発語をする。

いま問題になっているのは、「旅行ですか？」という台詞である。この台詞自体は、英語に翻訳しようが韓国語に翻訳しようが、誤訳のしようもない簡単な言葉だ。俳優の想像力を駆使するまでもない台詞のように思われる。

しかし、この「話しかける人」が、どこの国の人なのか、あるいはこの台詞、この台本を書いた人間がそもそも、どこの国の出身なのかによって、この「旅行ですか？」という言葉の意味あいは大きく違ってくる。

話しかける人がアイルランド人なら、これはまったく普通の行為だ。先般、フィリピンから来た留学生に聞いたところでは、列車の中で長時間乗りあわせているのに話しかけなかったら、そちらの方が失礼だという答えが返ってきた。

一方、日本人は一割しか話しかけない。だから、もしある俳優が、この「旅行ですか？」という台詞を言おうとすれば、ちょっと積極的な人、あるいは少し図々しいくらいの人といった心構えで役作りをしないと不自然になってしまう。

さらに、これがイギリスの上流階級の男性という設定ならば、この台詞は、まったく別の意味あいを帯びてくる。この階級は、人から紹介されない限り他人と話してはいけないというマナーがあるので、通常は話しかけない。だからもしこの階級の人間が自ら「旅行ですか？」と言ったとすれば、考えられるのは、たとえば以下のような事柄だ。

・この人は、何らかの事情で、正当な教育を受けていない。
・貴族の階級を捨てて、放浪の旅に出ている（その証しとして、下層階級の者がよくやるように話しかけてみた）。
・マナーを破ってまで話しかけなければならないほど、相手に関心を抱いている。

おそらく作家は、「旅行ですか？」という台詞に、このような何らかの意図を込めている。そうでなければ、イギリスの上流階級の男性が、この状況で話しかけるのは不自然だということになってしまう。

このように文化的な背景が違えば、なんの変哲もない一つの台詞でも、異なる意味や意図を持つ。

話し言葉の個性

それぞれの俳優は、すでに二〇年、三〇年と生きてきて、俳優である以前に一個人としての「話し言葉の個性」ともいうべきものを持っている。一つの言葉から受けるイメージもまちまちだし、列車の中で話しかけるかどうかといった言語行動も、一人ひとりに癖のようなものがある。

たとえば私たちの肌の色が、白人、黒人、黄色人種といった大きなカテゴリーと、同じ日本で生まれ育っても色の白い人もいれば、少し濃い人もいるといった個体差があるのと同様に、話し言葉の個性にも、国民性や民族性と、その中での個人差がそれぞれ存在する。日本人は、列車の中ではあまり話しかけないが、中には話しかけるという人も一定数いる。

これが、アイルランド人は絶対に話しかける、日本人は絶対に話しかけないというように、あらかじめ決まっているなら話は楽なのだが、そうはいかないところに演劇の難しさも、異文化間コミュニケーションの難しさもある。私は実際、人生に一人だけだけど、シャイなアイルランド人というのに会ったことがある。

同じ日本語を話していても、私たちは一人ひとり、違う言葉を話している。

こういった話し言葉の個性の総称を、「コンテクスト」と呼ぶ。コンテクスト＝context は、本来は文脈という意味だが、ここではもう少し広い意味で、「その人がどんなつもりでその言葉を使っているか」の全体像だと思ってもらうといい。

俳優には俳優のコンテクストがある。劇作家にも劇作家のコンテクストがある。これがぴったりと重なれば苦労はないのだが、そうはいかない。

たとえば劇作家の私が、ト書きに「砂漠」と書いたとしても、砂だらけの砂漠をイメージする人もいれば、岩がごつごつした砂漠を思い浮かべる人もいれば、「砂漠なら当然サボテンが生えているだろう」と考える人もいる。

だが、同じ舞台に関わる人間の持つイメージがこんなにもバラバラでは、観客には何も伝わらない。実際、舞台の片隅では砂に足を取られる演技をしている俳優がいて、もう片方では、岩をよじ登る俳優がいたのでは、どんな砂漠かは少しも観客に伝わらない。だから私たちは、まず作り手の側でイメージを共有する必要があるし、演出家の主な仕事も、この点にあると言っていいだろう。だが、ことは、そう簡単にはいかない。私たちは、同じ日本語を話しているつもりでも、それぞれ違う言葉を話しているのだから。

ここまで、私が執拗に問題にしてきたのは、「旅行ですか?」という簡単な台詞だった。この台詞は、哲学的な意味があるわけでもない。シェイクスピアの長い台詞でもない。しかし、これを高校生などが演じようとするとうまく言えない。だがうまく言えなくて当然なのだ。高校生に尋ねれば、九割五分の生徒は、普段、自分からは他人に話しかけないという方に手を挙げる。

ということは、簡単に見えるけれど、「旅行ですか?」という台詞は、その子のコンテクストの外側にある言葉だということだ。あるいは、もっと一般的に言えば、簡単な言葉だけれども、普段は使っていない言葉だということになる。

この「簡単に見えるけれどコンテクストの外側にある言葉」のことを、私はコンテクストの「ずれ」と呼んでいる。そして、まったく文化的な背景が異なるコンテクストの「違い」より、その差異が見えにくいコンテクストの「ずれ」の方が、コミュニケーション不全の原因になりやすい。

私たちは、この「ずれ」を容易に見つけることができないから。

第七章　コミュニケーションデザインという視点

「ずれ」による摩擦

韓国では、箸とスプーンを使って飯を食う。厳密には箸でおかずを食し、スプーンで飯を食ったりスープを飲んだりする。食事の際には食器を持ち上げてはいけない。だいたい金属の食器であるから、熱くて持ち上げることはできない。

日本では、箸ですべての食事を済まし、茶碗は持ち上げなければマナー違反となる。韓国の食事のルールを日本人俳優に伝えて実際に演技をさせてみる。俳優であるから、もちろん言われたとおりに演じることができる。しかし、そこに台詞が入ってくると、やがて知らず知らずに、左手で茶碗を持ち上げていたりする。そしてそのとき私たちは初めて、自分たちが「どのように」食事をしているかを認識することができる。

私たち日本人が、「自分たちは茶碗と箸で飯を食っているのだ」ということを自ら認識したのは、一四〇年前、ナイフとフォークで食事をする西洋人と出会ったときだろう。これは、「What」に関する認識である。しかし、それだけでは俳優の演技の根拠としては物足りない。私たちは「How」を知りたいのだ。そしてこの「How」の認識は、近い文化との「ずれ」から得られることが多い。

文化摩擦や誤解など、ネガティブな事柄も同様だ。

私たち日本人は、靴を脱いで上がり框に足をかけるとき、脱いだ靴をくるりと反転させる。しかし、聞くところによると、韓国の方たちはこれを嫌がるらしい。「そんなに早く帰りたいのか」と思うのだそうだ。

この現象は、靴を脱いで家に上がるという文化を共有しているからこそ起こる摩擦だろう。西洋人との間なら、「ここは靴を脱いでください」という言語コミュニケーションが介在するから、摩擦は顕在化し、その都度解消される。しかし、靴の向きを変えるか変えないかといった些細な事柄は、私たちの日常の中では見過ごされがちだ。

両国にいまだに根強い嫌韓、反日の感情も、こういった近親憎悪的な事例、あるいはそこに由来・派生する事柄が多くある。日韓だけではない。世界中を見渡しても、隣国同士はたいてい仲が悪い。その原因の一つは、文化が近すぎたり、共有できる部分が多すぎて、摩擦が顕在化せず、その顕在化しない「ずれ」がつもりつもって、抜き差しならない状態になったときに噴出し、衝突を起こすという面があるのではないか。

「そんなに早く帰りたいのか」と思う韓国人に対して、「そんなふうに悪くとらなくてもいいだろう」と日本人は思うだろう。実生活では、この程度で止まっておけば問題がないが、こういった「ずれ」が蓄積し、鬱積し、「だから日本人は信用できない」「韓国人は日本人のことを何でも悪くとる」といった一般化が始まるとやっかいなことになる。この小さな「ずれ」が、いくつもの亀裂となって文化摩擦が起こる。

だから、そうなる前に私たちは、文化の違いというものを正しく自覚し、またそれを丁寧に丁寧に解きほぐしていかなければならない。

銀のサモワール

演劇の世界でも、実際、これが「ずれ」ではなく、大きな「違い」だったら、私たちはもう少し注意深くなるのではないか。

アントン・チェーホフは、約一〇〇年前のロシアに生きていた近代戯曲の父である。日本の多くの演劇人が一度はチェーホフの戯曲を演じるわけだが、これが一〇〇年前のロシアが舞台になっているから、私たちには意味のわからない台詞がよく出てくる。たとえば、

「銀のサモワールでお茶をいれてよ」

という台詞がある。

さて、では読者諸氏の中で、実際にサモワールでお茶をいれたことのある人が何人いるだろうか？　私は二〇年のワークショップ講師の経験の中で、実際にサモワールを使ったことがあるという人間に、累計で二七人と出会った。これを多いと見るか、少ないと見るかは人それぞれだろうが、ある一定数は確実にいるのだ。

二七人のうち、五人はロシア人だった。二人はリトアニア人、一人はポーランドからの留学生。あとは日本人だった。

その一九人の日本人のうちの一人は、大阪芸大の教授を長く務められ、劇団☆新感線や南河内万歳一座を育てた劇作家の秋浜悟史先生だった。昔の新劇の方は真面目だったから、わからないことがあると百科事典を調べたり、ロシア料理店に行ってサモワールなるものを使わせてもらって事態の把握に努めた。そこまでのことはしなくても、俳優なら、このような意味のわからない台詞にぶつかったときに、「サモワールって何？」と考えて、何らかの方法で想像を巡らすことだろう。

しかし、「旅行ですか？」という台詞は、意味がわからないわけではない。『旅行』って何？」「『旅行ですか？』って、どう言えばいいの？」とは考えない。考えないで、ぽろっと言ってしまうから、存外、うまくいかない。

意識のできないコンテクストの「ずれ」にこそ、落とし穴がある。

バルコニー

シェイクスピアでも同様だ。

シェイクスピアの作品中もっとも有名な『ロミオとジュリエット』、その中でもさらに名にし負うバルコニーのシーン。

さて、しかし、読者の中にバルコニーのある家に住んでいる人が、どれほどいるだろうか？　もちろん、バルコニーの意味はみんな知っている。だから「バルコニー」は、「サモワール」よりは「旅行ですか？」に近い。

だが私たち日本人には、よくわからないことがある。バルコニーのある家というのは、一体どのくらいの金持ちなのだろうか。

そして、そのことがわからなければ、ジュリエットの哀しみはよくわからない。『ロミオとジュリエット』は、よく知られているようにモンタギューとキャピュレットという二つの名家が仲違いをしており、その息子と娘が、決して添い遂げられない恋に落ちることから悲劇が起こる。そしてこの物語を、人類は四〇〇年以上も見続けている。これが、そこら辺の商店街の仲の悪い八百屋と魚屋の娘と息子の話なら、人びとはこれほどの関心を示してはこなかっただろう。

では、それほどの金持ちとはどのような生活をしているのか。バルコニーの高さは？　ロミオが忍び込んで夜のやみに紛れるうっそうとした庭とは、どれくらいの広さなのか？

私たちにはわからない。

しかし、わからないから考える。イメージの壁があれば意識をする。これは、コンテクストの「ずれ」ではなく、「違い」である。

「ボウリングに行こうよ」

シェイクスピアは四〇〇年前、チェーホフは一〇〇年前だが、もっと身近な例もある。二〇世紀のアメリカを代表する劇作家テネシー・ウィリアムズの作品が日本に紹介されはじめたのは、一九五〇年代だった。

のちに杉村春子さんの名演で評判をとる『欲望という名の電車』の中に、何度か「ボウリング」という単語が出てくる。しかし、当時の日本の俳優たちは、ボウリングを知らなかった。先ほど読者子の多くが、おそらく「サモワールって何だ？」と思ったのと同じように、当時の俳優たちは、「ボウリングって何だ？」と考えた。

困った彼らは、翻訳した大学教授のところをわざわざ訪ねて、「ボウリングって何ですか」と質問したそうだ。しかし、その教授先生も、いまのように自由にアメリカに行ける時代ではなかったので、ボウリングを見たことがなかった。そこでその先生はあらためて辞書で調べて、「どうもボウリングというのは鉄の球で棒を倒す遊びらしいよ」と答えたという。

これでは、「ボウリング」の意味はかろうじてわかるかもしれないが、「ボウリング」のイメージはちっともつかめない。イメージがつかめなければ、この台詞のコンテクストは理解できない。

たとえば、話をわかりやすくするために、

「ボウリングに行こうよ」

という台詞があったとしよう。この台詞を劇作家が書くということは、ボウリングに行くことが大事なわけではない。台詞の発話者と、その相手が、「ボウリングに行こうよ」と言いあう間柄であるということを、劇作家は客席に伝えたいのだ。

いま、この文章を読んでいる多くの皆さんは、おそらくご自身がボウリングをするしないにかかわらず、「ボウリングに行こうよ」という言葉が、どんなときに、どんな間柄で発せられるかを想像できるだろう。初対面の人に、「つかぬ事をお伺いしますが、今日ボウリングに行きませんか？」とは聞かないし、一八歳の男の子が一七歳の女の子をデートに誘うのに、「ねぇ、これから将棋指さない？」とは言わない。いや、たぶん、滅多に言わない。

「田中先生が大好き」

台詞のコンテクストとは、すなわち、劇作家がその台詞によって、観客に何を伝えたいのかを意味する。

こういった事柄について、大阪大学の大学院生、特に理系の学生たちに興味を持ってもらうのがいまの私の仕事なので、たとえば授業では以下のような話をする。

いま、この「コンテクスト」という概念は、人工知能や人工言語の世界でも注目を集めている。コンテクストを理解するコンピューターを開発しようとしている研究室は、阪大の中にも多数ある。逆に言えば、コンピューターはコンテクストを理解するのが苦手だ。

ここでクイズを出す（このクイズ自体も、人工知能の開発者から聞いたものである）。

皆さんに小学校一年生くらいの子どもがいるとしよう。その子が、学校から嬉しそうに走って帰ってきて、

「お母さん、お母さん、今日、僕、宿題やっていかなかったんだけど、田中先生、全然怒んなかったんだよ」

と言ったとする。私は学生たちに問いかける。

「さぁ、皆さんはいいお母さん、いいお父さんです。何と答えますか？」

学生からの答えはまず、

「宿題は、やんなきゃダメでしょう」

といった類のもの。それから、

「よかったね」

というもの。そして、

「どうして怒られなかったんだろう？」

といった疑問形型に大別される。

さて、コンピューターに子どものこの発言をインプットすると、主に二つの情報がCPU（中央処理装置）に伝わる。

「宿題をやらなかった」

そして、

「にもかかわらず怒られなかった」

コンピューターは、過去の蓄積からしか答えが出せないので、

「宿題をやらなかった」

に対しては、

「宿題はやらなきゃダメ」

という答えが返ってくる。一方、

「にもかかわらず怒られなかった」

に対しては、

「よかったね」「儲かったね」

という答えが返ってくる。

さて、しかし、本当に子どもがお母さん、お父さんに伝えたかったことは何だろう。

クイズだと書いたのには、訳がある。要するに落とし穴、引っかけがあるのだ。この問題の落とし穴は、「嬉しそうに走って帰ってきた」という点にある。嬉しそうに走って帰

ってきてまで、

「宿題やらなかったのに、怒られなくって儲かっちゃったよ」

ということを親に伝えたいひねくれた小学校一年生はあまりいない。おそらくその子が、走って帰ってきてまで伝えたかったのは、

「田中先生は優しい」

「田中先生が大好き」

という気持ちだろう。そうでなければ、「嬉しそうに走って帰ってきた」という理由を説明できないから。


「胸が痛いんです」


一般に、子どもに接するときの優れたコミュニケーションとは、子どものコンテクストを受け止めて、さらに「受け止めているよ」ということをシグナルとして返してあげることが肝要だと言われている。

もとより、子育てや教育に一般解はないのだが、クイズとしたからにはあえて回答を作るとすれば、

「あぁ、田中先生優しいね。でも明日は怒られるかもよ」

と答えてあげるのが、一番いいとされる。

ここで、「宿題はやらなきゃダメ」といきなり宿題の話をすると、子どもはきょとんとしてしまうのだ。その子どもは、田中先生の話をしているのであって、宿題の話をしているつもりは毛頭ないのだから。

あるいは、私を阪大に呼び寄せた鷲田清一前阪大総長の文章にあった以下のような話。

ダメな看護師さんというのはわかりやすい。患者さんが「胸が痛いんです」と言ってくると、「大変だ、先生呼んできます」と自分もパニック状態になってしまうような人。これはダメだ。

標準的な看護師さんは、「胸が痛いんです」と言われると、「どう痛いんですか?」「どこが痛いんですか?」「いつから痛いんですか?」と問いかける。これは当たり前の行為。

しかし、患者さん受けのいい、コミュニケーション能力の高いとされる看護師さんは、そうは答えないそうだ。患者さんから「胸が痛いんです」と言われると、そのまま「あぁ、胸が痛いんですね」と、まずオウム返しに答える。ただの繰り返しに過ぎないのだが、これが一番患者さんを安心させるらしい。

おそらく、このことによって、その看護師さんは、「はい、私はいま、あなたに集中していますよ。忙しそうに見えたかもしれないけれど、いまはあなたに集中していますよ」ということをシグナルとして発しているのだと考えられる。患者さん受けのいい看護師さんは、こういったノウハウを暗黙知として身につけているのだ。

ホスピスでのコミュニケーション

あるいは、私の同僚の医療コミュニケーションの専門家から聞いた話。

ホスピスに末期癌の患者さんが入院してきた。五〇代の働き盛りの男性で余命半年と宣告を受けている。奥さんが二四時間、つきっきりで看護をしている。

さて、この患者さんに、ある解熱剤を投与するのだけれど、これがなかなか効かない。奥さんが看護師さんに、「この薬、効かないようですが?」と質問をする。ホスピスに集められるような優秀な看護師さんだから、患者さんからの問いかけには懇切丁寧に説明をする。

「これは、これこれこういう薬なのだけれど、こちらの他の薬の副作用で、まだ効果が上がりません。もう少し頑張りましょう」

奥さんはその場では納得するのだが、翌日も、また同じ質問をする。看護師さんは、また親切に答える。それが毎日、一週間近く繰り返されたそうだ。やがて、いくら優秀な看護師さんでも嫌気がさしてくる。ナースステーションでも、「あの人はクレーマーなんじゃないか」と問題になってくる。

そんなある日、ベテランの医師が回診に訪れたとき、やはりその奥さんが、「どうして、この薬を使わなきゃならないんですか?」とくってかかった。ところが、その医師はひと言も説明はせずに、

「奥さん、辛いねぇ」

と言ったのだそうだ。

奥さんは、その場では泣き崩れたが、翌日から二度とその質問はしなくなった。

要するに、その奥さんの聞きたかったことは、薬の効用などではなかったということだろう。

「自分の夫だけが、なぜ、いま癌に冒され、死んでいかなければならないのか」を誰かに訴えたかった、誰かに問いかけたかった。

しかし、その問いかけへの答えを、近代科学、近代医学は持っていない。科学は、

「How」や「What」については、けっこう答えられるのだけれど、「Why」については、ほとんど答えられない。

もちろん、大ざっぱな答えは、いくらでも出せるだろう。

「この人、タバコの吸いすぎでした」

「この人は、食生活が悪かった」

しかし、同じだけタバコを吸っていても癌になる人もいれば、ならない人もいる。遺伝子の研究などがもっと進んでいけば、その説明はもう少しましにはなるのだろうが、やはり究極のところでは、「Why」に答えることは難しい。なぜなら、人間存在それ自体に、理由がないのだから。

では、「奥さん、辛いねぇ」と言ったところで癌が治るかと言ったら、これはまったく治らない。しかし、ご承知のように、ホスピスは癌を治す医療機関ではないのだ。治らない癌の患者さんとその家族に、残りの半年間を充実して過ごしてもらうのが、この医療機関のスタッフの役目となる。

ただ、想像してもらえばわかると思うが、「余命半年」と言われて、「それでは、この半年間は、こうこうこの様に過ごしたいです」と理路整然と言ってくれる患者さんや家族の方が稀だろう。たいていの方たちは、そのような宣告を受ければ、泣いたり、叫んだり、パニック状態に陥ったりする。終末医療の従事者は、その声なき声の中から、コンテクストをくみ取らなければならない。

実際、私は、最初に大阪大学に呼ばれたときに、医学部出身の幹部の方から次のように言われた。

「医者や看護師というのは、昔は病気や怪我を治してあげれば、患者からも家族からも感謝されたいい商売でした。貧乏だったけど、誇りの持てる仕事でした。でもいまは、医療が高度化しすぎて『治す』ということ自体が、医者自身にもよくわからなくなってしまった。患者さんや家族の気持ちも複雑だ。一分一秒でも長く生きたいのか、痛みを緩和したいのか、家に帰りたいのか、一瞬でも職場に戻りたいのか、家族と一緒にいたいのか、一人になりたいのか。さらに、そういった気持ちも、一人に一つではない。それらをできる限りくみ取れないと医療行為にあたれないという時代になっている。ならば阪大では、できる限りそれをくみ取れるような医者や看護師を育てたい。そのためにこのコミュニケーションデザイン・センターを作り、あなたを呼んだのだ」

どのコンピューター学者に聞いても、あるいは脳科学者に聞いても、人間と同じようにコンテクストを理解するコンピューターを開発するのは、今世紀中は無理だろうと言われている。もちろん限定的な場面では、そのような能力を持った機械はいくらでも開発できるだろうが、人間と同じようにというのは、なかなか難しいらしい。

ということは、今世紀中、すなわち私たちが生きている間は、子育てや教育や、看護や介護は、やはり人間がせざるをえない。ロボットやコンピューターは、その手助けは、いくらでもできるかもしれないが、直接的には、我々人間が、この仕事を担わざるをえない。なぜなら、子どもに代表される社会的弱者は、他者に対して、コンテクストでしか物事を伝えられないからだ。

「田中先生が好きなら、田中先生が好きって言えばいいじゃないか」と私たち大人は思うのだが、それを子どもたちは「宿題の話」で伝えようとする。そして、その「気持ち」を理解できるのは、いまのところは人間だけだ。

弱者のコンテクストを理解する

東日本大震災以後、リーダーの資格ということが多く問われてきた。大学でもリーダーシップ教育が、声高に叫ばれている。

通常、そういった場面で言われるリーダーシップとは、人を説得できる、人びとを力強く引っ張っていく能力を指す。しかし、私は、これからの時代に必要なもう一つのリーダーシップは、こういった弱者のコンテクストを理解する能力だろうと考えている。

社会的弱者は、何らかの理由で、理路整然と気持ちを伝えることができないケースが多い。いや、理路整然と伝えられる立場にあるなら、その人は、たいていの場合、もはや社会的弱者ではない。

社会的弱者と言語的弱者は、ほぼ等しい。私は、自分が担当する学生たちには、論理的に喋る能力を身につけるよりも、論理的に喋れない立場の人びとの気持ちをくみ取れる人間になってもらいたいと願っている。

強いリーダーシップへの疑義と、その危険性については、第五章で詳しく述べた。どちらのリーダーシップが社会を幸福にするかは、私にはわからない。しかし私は、弱者のコンテクストを理解する能力を持ったリーダーを望む。また、そのような学生を育てたいと強く願う。

コンテクストを理解する能力

授業の中では、ここでも学生たちを安心させるために、私は次のような話もする。
「ここまで聞いてきて、皆さんは『コンテクストを理解すること』の大事さについて考え、そしてそれを、たいへんなことだと感じているかもしれません。しかし、この能力は誰にでも備わっているもので、特殊な能力ではないのです」

たとえば、先に掲げた「ボウリングに行こうよ」という台詞。

一八歳の男の子が、一七歳の女の子に、「ボウリングに行こうよ」と言っていたとする。あなたは、それをたまたまそばで聞いてしまった。さてあなたは、「この男の子は、本当にボウリングが好きなのだなぁ」と思うだろうか。もし思ったとすれば、それはそうとうに野暮な人間だろう。実際には誰もが、この男の子は、女の子をデートに誘っているということが、簡単に理解できるはずだ。

だが、コンピューターは、こういった会話を理解するのが苦手だ。「ボウリングに行こうよ」には、好きも嫌いも書かれていないから。おそらくこれからは、統計処理などを使って、このような事柄を類推するコンピューターが出てくるのだろうが、いまのところ、この分野ではまだ人間の方が若干勝っている。コンピューターは、自分自身では、その情報がどんな価値を持つかを判断することが苦手なのだ。

もちろん人間の中にも、こういったことが苦手な人はいる。一つの典型例は、自閉症の方たちだ。自閉症の特徴的な症状として、他者の言葉に対して、類推、応用が利かないという点が上げられる。だから、自分が本当に好きな人から「ボウリングに行こうよ」と誘われたとしても、「ごめんなさい、私はボウリングは嫌いなんだ」と答えてしまう。

こういった症状は、脳の機能障害が原因だと言われているので、治療や、その他の方法でその機能を補っていくしかない。

逆に言えば、脳に障害でもない限り、私たちはみな、コンテクストを理解する能力を持っている。どんなにKY（＝空気が読めない）と言われる人でも、実際には、それなりの能力は兼ね備えている。

コンテクストを理解するというコミュニケーションの基礎的な能力は、みなが持っているのだ。

問題なのは、ビジネスの世界のように時間が限られていたり、医療の現場のようにアクシデントやパニック状態が起きやすかったり、あるいは狭い研究室のように権力構造が厳しかったりすると、普段はできているはずのコンテクスト理解のサイクルが遮断され、そこにコミュニケーション不全が起こる。おそらく問題の多くは、個々人の能力ではなく、組織やシステムの側にあるのだ。

他人が書いた言葉を話す

では、そのようなコミュニケーション不全を回避するためには、どんな方策が必要なのだろう。高校生たちは、「旅行ですか?」という他人に話しかける台詞を、なかなかうまく言えない。それは、その子のコンテクストの外側にある言葉だからだということを、ここでは、二度、三度と書いてきた。

うまく台詞が言えないと、たいていの演出家はいきなり怒り出す。だいたい演出家というのは怒りっぽいものと相場が決まっていて、

「なんで、こんな簡単な台詞が言えないんだ!」

「ダメだろう、そんなふうに他人に話しかけちゃ!」

と言い出すわけだが、しかし、高校生の大半は、普段、ほとんど自分からは話しかけないのだ。

これがもし、まったく文化的な背景の違う台詞、たとえば以前出てきた「銀のサモワー

ルでお茶をいれてよ」という台詞だったらどうだろう。演出家からいきなり、「ダメだろう、そんなふうにサモワールでお茶をいれちゃ！」と言われても、言われた方も困るだろう。言われた側の俳優は、「すみません、うちはティーバッグでしかいれてないんで」と答えるかもしれない。

だが、「旅行ですか？」はあまりに簡単な台詞なので、何となく言えない自分が悪いような気になってしまう。演出家も、うまく言えないのは俳優個人の責任だと思ってしまう。

しかし演技というのは、もともと他人が書いた言葉を、どうにかして自分の身体から出てきたかのように言う技術なのだ。だから、「旅行ですか？」も「銀のサモワール」も、高校生にとっては等価に難しいはずなのだ。ただ、「旅行ですか？」は、あまりに簡単な言葉なので、発語に際しての違和感を持ちにくい。その持ちにくいままで台詞を言ってしまうところに落とし穴がある。

まずは、こういった「ずれ」の認識が出発点となる。

話しかける要素は何か？

ではさらに、いったいどうすれば、この「ずれ」の問題を解決できるのだろう。

問題となっている台本では、知りあいであるAさんとBさんが話をしていて、そこに他人のCさんがやってきて隣に座る。そこからAさんが「旅行ですか？」という台詞を発するところまでがポイントだった。

従来のコミュニケーション教育や演劇教育、あるいは日本人が等しく受けてきた国語教育では、「旅行ですか？」と発話をするのはAさんだから、Aさんの役をやる人間が、どうすればその台詞をうまく言えるかを考えてきた。

たとえば朗読の時間なら、教師は必ず、「気持ちを込めて丁寧に読みなさい」と言っただろう。あるいは演劇の世界なら、腹式呼吸できれいに言う、身体を鍛えてパワーとスピードで言うといった対応が考えられる。

丁寧も、きれいも、パワーもスピードも、いずれもAさんの努力、あるいはAさんの資質によるところが大きい。

しかし、これまで見てきたように、現実社会では、この「旅行ですか？」を発話する大きな要素は、そこに入ってきたCさんにあった。ワークショップで参加者に、「他人に話しかける場合はどんな場合ですか？」と問いかければ、九割方の人が「相手による」「タイミングがあえば」と答えるのだ。「気分がいいとき」といったAさんの内面に依拠する答えは、ほとんど返ってこない。

しかし、ではCさん役を演じる俳優はどうすればいいのだろう。「話しかけられやすい演技って何？」ということになる。もちろん身体を鍛えてもダメだ。身体を鍛えて頑丈になったら、いっそう話しかけにくくなってしまうから。

そこで、こういった問題を、関係や場の問題として捉えていこうというのが、九〇年代以降に出てきた新しい演劇教育、新しいコミュニケーション教育の考え方だ。

要するに、発話がうまくいかない場合、その原因を個人（ここではAさん）にのみ帰するのではなく、いったい、そこは話しかけやすい環境になっているのかを問うていくという考え方だ。

コミュニケーションをデザインする

さて、私が現在勤務している大阪大学コミュニケーションデザイン・センターは、まさにこのような哲学、このような思想によって設立された、世界でも珍しい教育機関である。私たちは、ペラペラと説明のうまい医師や看護師や科学者たちを育成したいわけではない。説明がうまいに越したことはないが、それだけが大事なのではないということは、先に書いたホスピスの例でも明らかだろう。

医者の説明の仕方も、もちろん大事だが、同じくらいに大切なのは、たとえば、患者さんがお医者さんに質問のしやすい椅子の配置になっているかどうかといった事柄だ。壁の色はどうか、天井の高さはどれくらいが適切か、あるいは受付から診察室までの道のりが患者さんを緊張させていないかどうか……これらはみな、デザインの問題だ。医療過誤が起きにくいような組織になっているかどうか。事故が起きたときには、現場から上層部へ、きちんと情報が伝わるかどうか……これらは組織や情報のデザインの問題になる。

さらに、病院の建物自体が患者さんを威圧していないかどうか……これは建築のデザインの問題。

そもそも病院は、町のどこら辺にあればいいのか。交通アクセスは何がいいのか。駐車場はどれくらいあればいいのか……まちづくりや交通行政とも関わる問題になる。

お医者さんがどんなに優しく振る舞っても、患者さんの側からどうも質問が出ないのは、患者さんがバス三台も乗り継いできてへとへとになっているからかもしれない。コミュニケーション不全の原因は、どこにあるのかわからない。落とし穴は、意外なところに掘られている。

このように、原因と結果を一直線に結びつけない考え方を一般に、「複雑系」と呼ぶ。コミュニケーションの問題を複雑系の考え方で捉えたのが、「コミュニケーションデザイン」という新しい学問領域だと考えてもらってもいい。

あるいはもっと簡単に言えば、コミュニケーションをデザインする、コミュニケーションの環境をデザインするという視点を持つということだ。もちろん私たちはこれを、ただの体験の積み重ねではなく、認知心理学や情報工学といった最新の知見を取り入れながら、体系化していかなければならない。逆に、もしもそれが少しでも可能になれば、新しいコミュニケーション教育の地平が広がるはずだ。

私は、医師や看護師の技量を高めてあげることはできないし、そんなことは期待されていない。しかし、癌告知の朝に、部屋の花瓶の花を活けかえる心遣いを持った看護師を育てる、そのお手伝いくらいはできるかもしれない。コミュニケーションをデザインするとは、ともかくもそのようなことだ。

会議をデザインする

こういったコミュニケーションデザインの考え方は、たとえば一般企業などでも導入可能だ。

私は仕事柄、よく企業の管理職養成講座などに招かれる。そこで聞かされるのはたいていが愚痴ばかりだ。曰く「近頃の若者たちは何を考えているかよくわからない」「新人たちが会議で意見を言わない」。

もちろん企業もバカではないから、会議のやり方を工夫する。ただ、ダメな企業は、社長が急に思いついて、

「なんだかアメリカでは立って会議をするらしいぞ、よしうちでも月曜日から立って会議だ！」

となる。そんなもので意見が出るようになるなら楽なのだが、たいてい、こういう小手先の改革は失敗する。

本当の改革に取り組もうとする企業は、会議のレンジを様々に設定する。また、そのための試行錯誤を厭わない。

通常の会議も行うが、たとえば、

・取締役と新入社員だけの会議（中間管理職を省いた形の会議）
・女性だけの会議
・一対三くらいの小規模のミーティング
・一対一の面接型
・以前からも行っていたであろう焼き鳥屋さんでのコミュニケーション

列車の中で他人に声をかけるかどうかが、人それぞれであるように、意見を言いやすい環境も人によって異なる。

たくさんの人がいた方が意見が言いやすいという人もいる。気心の知れた仲間が数人いれば、あるいは同性のみの場だったら、年上に対してでも率直な意見が言える場合もある。普段は他人の目がとても気になるのだけど、一対一になると素晴らしい意見を言う若者も多い。さらに「やっぱりちょっと、お酒が入った方が本音で話しやすいですね」という者も、常に一定数はいるだろう。第一章で触れたように、若者たちの育った環境が多様化したために、それぞれが得意とするコミュニケーションの状況も複雑化しているのだ。

もちろん、社会人になれば、どのような場面でもきちんと自分の意志や意見を表明できるようになるべきだ。私は大学院の教員だから、そのような学生を一人でも多く育て、社会に送り出したいと切実に思う。しかし、日本のコミュニケーション教育が、そういった社会のニーズに追いついていないこともたしかなことだ。追いついていないから意見が出ないのだろう。

企業は利潤を追求する場所だ。そして、管理職が、本当に若者たちの多様な意見を欲しているとすれば、彼らが意見を言いやすい場所をセッティングするのが、管理職の責務である。もしもそれを怠って、「近頃の若者は……」と愚痴をこぼしているだけなら、それは、「はい、私は、会議もデザインできない無能な管理職です」と公言しているようなものだ。

若者の側が、この理屈に甘えていいわけではない。若い世代は、個々人のプレゼンテーション能力をもっと伸ばす努力もするべきだろう。だが果たして、意見が出ないという状況は、どちらにより責任があるかと問われれば、それは当然、数倍の給与をもらっている管理職の側ということになる。

「サッカー好きなんですか？」

実際の授業やワークショップでは、こういった説明をしたあとに実例を見せる。「旅行ですか？」となかなかうまく言えない高校生に、この台詞だけを考えさせても意味がない。そこでたとえば、この高校生A君が、現実生活においてサッカーが好きなら、話しかけられる対象であるCさんにサッカーの雑誌を持たせて、

「サッカー好きなんですか？」

というところから話を始める。具体的な会話は、以下のような感じになる。


「サッカー好きなんですか？」

「えぇ、まぁ」

「あぁ、どうですかね、ザックジャパンは？」

「さぁ、どうでしょう、頑張って欲しいけど」

「……旅行ですか？」

このような会話の流れだと、たいていの高校生がスムーズに、「旅行ですか？」という台詞を言えるようになる。あるいは、他の方法も試して、言わざるをえないような状況を作ってみるといったことも行う。さらに、次の段階では三人ひと組のグループワークで、自分はどういった場面なら話しかけられるかを考え、台詞にしてもらって練習し発表まで進んで行く。

このような作業を通じて、「あぁ、他人に話しかけるのは意外にエネルギーのいるものだな」とか、「エネルギーのかけ方や、その方向性も人によってずいぶん違うんだな」ということを実感してもらう。

高校生は、滅多に他人に話しかけない。しかし、絶対に、人と話さないというわけではないだろう。相手が何か床に物を落としたら拾ってあげるだろうし、そのときに無言ということはまずないはずだ。どうすれば話しかけられるかを考えるのではなく、話しかける環境、話しかけやすい状態について考えるのだ。

シンパシーからエンパシーへ

日本ではどうも、「演じる」ということは、「役になりきる」「のりうつる」といったイメージで捉えられがちだ。もちろんそういった憑依系タイプの俳優さんもいることはいる。だが、多くの俳優が、その内面でしている仕事は、そういったものではないだろうと私は考えている。

俳優の本当の仕事は、「普段私は他人には話しかけないけれども、話しかけるとしたらどんな自分だろうか」と探ることだ。すなわち、俳優という自分の個性と、演じるべき対象の役柄の共有できる部分を捜しだし、それを広げていくという作業が求められている。

実はこういった考え方は、教育学の世界でも注目を集めている。これを通常、「シンパシーからエンパシーへ」と呼ぶ。エンパシーという英語は翻訳が難しいのだが、私は「同情から共感へ」「同一性から共有性へ」と呼んでいる。

この事象のもっともわかりやすい例は、いじめのロールプレイだ。いま小中学校の総合的な学習の時間などで、いじめに関するロールプレイがよく行われている。いじめる側、いじめられる側を、交互に演じてみようという試みだ。こういった場面でも、経験の浅い教員ほど、「ほら、いじめられた子の気持ちになってごらん」と子どもたちに声をかける。だが、少し考えてもらえばわかると思うのだが、いじめられた子どもの気持ちがすぐにわかるのなら、おそらく、いじめはあまり起こらない。

いじめられた子どもの気持ちは、簡単にはわからない。

しかし、いじめっ子の側にも、他人から何かをされて嫌だった経験はあるだろう。その二つの気持ちを、「それは似たものなんだよ」と結びつけてあげるのが、本来のロールプレイの意味あいなのだ。

シンパシーからエンパシーへ。同情から共感へ。これはいま、他の分野でも切実な問題となっている。

医療や福祉や教育の現場で、多くの有為の若者たちが、「患者さんの気持ちがわからない」「障害を持った人たちの気持ちが理解できない」と絶望感にうちひしがれて、この世界を去っていく。真面目な子ほど、そのような傾向が強い。

患者さんや障害者の気持ちに同一化することは難しい。同情なぞは、もってのほかだ。しかし、患者の痛みを、障害者の苦しみや寂しさを、何らかの形で共有することはできるはずだ。私たち一人ひとりの中にも、それに近い痛みや苦しみがきっとあるはずだから。

コンテクストの摺りあわせ

こういったエンパシー型の教育には、演劇的な手法が大きな効果を示す。なぜなら演劇は元来、異なるコンテクストを抱えた人間が集まって、一定期間内に何かをアウトプットするという営みを繰り返してきたから。

ここで重要なのは、実は「一定期間内に」という点だ。

およそ、どんな共同体でも、このようなコンテクストの摺りあわせを、長い時間をかけて行う。五〇年、一〇〇年とかかって、企業や学校の中だけで通じる言葉や、その地域の中だけで通じる方言などが生まれてくる。

夫婦などはその典型で、最初のうちは異なる文化、異なるコンテクストで育った二人が衝突を繰り返しながら、家の中の様々な事象に共通の名前をつけていく。たとえば電子レンジという家電製品は、「電子レンジ」と呼ぶ家と、「レンジ」と呼ぶ家と、そして「チン」と呼ぶ家が必ずある。しかし、二〇年も連れ添った夫婦で、夫はそれを「チン」と呼び、妻はそれを「レンジ」と呼ぶような家は少ない。育った家での呼び名は違っても、長年一緒に暮らすうちにコンテクストの摺りあわせが起こって、共通の呼び名が固定される。

夫婦、家族のような小さな共同体でも、こういったコンテクストの摺りあわせは、ゆっくりと時間をかけて行われる。

しかし演劇においては、たかだか数週間の稽古を経ただけで、あたかも家族のように、あたかも恋人同士のように、あるいはよく知っている劇団員同士でも、あたかも他人のように振る舞うことができる。

私たち演劇人は、ごく短い時間の中で、表面的ではあるかもしれないが、他者とコンテクストを摺りあわせ、イメージを共有することができる。そこに演劇の本質がある。

そして、このノウハウ、このスキルは、これからのエンパシー型の教育に大きな力を発揮するだろうと私は考えている。ここで言うエンパシーとは、「わかりあえないこと」を前提に、わかりあえる部分を探っていく営みと言い換えてもいい。

第八章　協調性から社交性へ

成長型の社会から成熟型の社会へ

およそ、どんな共同体も、長い時間をかけてコンテクストの摺りあわせを行っている。しかし演劇は、表面的かもしれないが、非常に短期間に集団でイメージを共有し、コンテクストを摺りあわせるノウハウを持っている。この技術こそが、いまの日本社会、日本の地域社会に必要なものなのではないかと私は考えてきた。

明治以降一〇〇年、日本は大きな国家目標があり、その国家目標に従って生きていれば、たいていの人が幸せになれるような社会を目指してきた。富国強兵、臥薪嘗胆、戦後復興、高度経済成長……。

子どもは親や大人の言うことを聞き、できるだけいい学校に入り、できるだけ安定した企業に入ることを目指す。企業に入ってからは上司の言うことを聞いていれば、給料が上がりボーナスが出て、車が買えて家が買えた。私たちは、そういう世の中を作ってきたつもりだった。

しかし残念ながら、そのような社会が幻想に過ぎなかったということを、この二〇年で、私たちは痛いほどに思い知らされた。

それは経済の停滞の問題だけではない。

オウム真理教事件、阪神淡路以降のいくつかの震災、相次ぐ大企業の不祥事、様々な偽装事件に象徴されるような社会システムの劣化。それらを通じて日本人が学んだのは、私たちを守ってくれると思っていた政府も自治体も企業も、学校も宗教も労働組合も、けっして私たちをしっかりとは守ってくれないという事実だ。

私たちは、自らの判断と責任で生きていかなければならない。

おそらく、その結果、価値観は多様化し、ライフスタイルも様々になっていく。

実際、上場企業の新入社員にアンケートをとると、六、七割が、「出世を第一には考えていない」と答えるそうだ。「五時で家に帰してください。家族と一緒に食事をします」「土日は仕事はしません。ゴルフもしません……ボランティアをします／フットサルをします／環境保護運動をします……」

もちろん、従来型のモーレツ社員（何と懐かしい言葉だろう）も一定数は残るだろう。それも含めて日本人の生き方が多様になっていくことは間違いない。

これは別に日本人だけの現象ではない。

どんな国家も、成長型の社会から成熟型の社会へと変容していく過程で、価値の多様化という局面を迎える。もう給与が上がらないと悟った時点で、人間は自分の固有の幸せを考え始める。

ただ日本にも特殊事情はある。二度の石油ショックに官民挙げて立ち向かい、世界でもっとも早くこの苦境を脱した。そのあとにバブル経済が来て、構造改革が少なくとも二〇年は遅れてしまった。政権交代のない政治システムが、既得権益を保護し、停滞を助長させたとも言えるだろう。いずれにしても、ここにきて成熟社会への転換が、一挙に迫られることとなった。先送りしていた問題が、今日、あらゆる分野で浮上してきている。

かつて自動炊飯器が日本の家庭に普及していった時代、日本の主婦の睡眠時間が一時間延びたそうだ。一時間余計に眠れることは、誰にとっても幸せだ。当時、炊飯器は大卒初任給の三割から四割相当の値段だった。可処分所得との比率で考えると、いまの価格で八万円から一〇万円といった感覚だろうか。それでもボーナスが出れば、皆が炊飯器を買い求め、「これは便利だ」と感嘆し、「よし、お父さんは、もっと頑張って働くから次のボーナスでは冷蔵庫買おうな」となって、日本の家庭から食中毒が一掃されていく。次は洗濯機だということになって、日本のお母さんの手からあかぎれが消えていく。

いまの中国がまさにそうであるように、巨大な物欲が消費を促し、企業はそこから利潤を上げ、その利潤が労働者にも還元されて、さらなる消費に結びつく。これが成長社会の典型的なパターンだ。

モノが人を幸せにした時代である。

しかし、と私は学生たちに問いかける。

「君たちはテレビが五センチ薄くなって幸せか？」

家電量販店の店頭に並ぶ様々な新製品は、格好良かったり、便利であったりはするけれど、万人が幸福になるようなものではない。もはや私たちは、モノだけでは幸せにならない時代に生きている。格好良さは人それぞれに違うから、大ヒット商品は生まれにくい。このところ相次いで発表される家電各社の巨額の赤字の背景はここにある。

協調性から社交性へ

人びとはバラバラなままで生きていく。価値観は多様化する。ライフスタイルは様々になる。それは悪いことではないだろう。日本人はこれからどんどんと、バラバラになっていく。

しかし、人間は社会的な生き物なので、バラバラなだけでは生きていけない。私たちはどうしても、社会生活を営んでいくうえで、地域社会で決めていかなくてはならないことがある。

いままでは、少なくとも一九八〇年代までは、遠くで（霞が関で）、誰かが（官僚が）決めてくれていたことに、何となく従っていれば、いろいろ小さな不都合はあったとしても、だいたい、みんなが幸せになれる社会だった。しかし、いまは、自分たちで自分たちの地域のことについて判断をし、責任を持たなければならない。その判断を誤ると、夕張市のように自治体でさえも潰れる時代が来てしまったのだ。

ただ、この一点が変わったために、日本人に要求されているコミュニケーション能力の質が、いま、大きく変わりつつあるのだと思う。いままでは、遠くで誰かが決めていることを何となく理解する能力、空気を読むといった能力、あるいは集団論でいえば「心を一つに」「一致団結」といった「価値観を一つにする方向のコミュニケーション能力」が求められてきた。

しかし、もう日本人はバラバラなのだ。

さらに、日本のこの狭い国土に住むのは、決して日本文化を前提とした人びとだけではない。

だから、この新しい時代には、「バラバラな人間が、価値観はバラバラなままで、どうにかしてうまくやっていく能力」が求められている。

私はこれを、「協調性から社交性へ」と呼んできた。

「平田君は、自分の好きなことは一生懸命、集中して頑張るけれども、どうも協調性に欠けるようです」と小学校一年生から通信簿に書かれてきたような人間が、作家や芸術家になる。私自身、自分の好きなことしかやってこなかったし、協調性はないものと自覚している。

しかし、演劇は集団で行う芸術なので、演劇人には「社交性」はあるのだ。私たちは、幕が下りるまではどんな嫌な奴とでも、どうにかして仲良くする。プロの世界などはひどいもので、舞台上では、「あなたがいなければ死んでしまうわ」と言っていても、楽屋に帰ればそっぽを向いている連中もたくさんいる。それでいい舞台ができるのなら、私としてはまったくかまわない。これもまた「社交性」だ。

しかしこの社交性という概念は、これまでの日本社会では「上辺だけのつきあい」「表面上の交際」といったマイナスのイメージがつきまとった。私たちは、「心からわかりあう関係を作りなさい」「心からわかりあえなければコミュニケーションではない」と教え育てられてきた。

　しかしもう日本人は心からわかりあえないのだ……と言ってしまうと身もふたもないので、たとえば高校生たちには、私は次のように伝えることにしている。

「心からわかりあえないんだよ、すぐには」

「心からわかりあえないんだよ、初めからは」

　この点が、いま日本人が直面しているコミュニケーション観の大きな転換の本質だろうと私は考えている。

　心からわかりあえることを前提とし、最終目標としてコミュニケーションというものを考えるのか、「いやいや人間はわかりあえない。でもわかりあえない人間同士が、どうにかして共有できる部分を見つけて、それを広げていくことならできるかもしれない」と考えるのか。

「心からわかりあえなければコミュニケーションではない」という言葉は、耳に心地よいけれど、そこには、心からわかりあう可能性のない人びとをあらかじめ排除するシマ国・ムラ社会の論理が働いてはいないだろうか。

　実際に、私たちは、パレスチナの子どもたちの気持ちはわからない。アフガニスタンの人びとの気持ちもわからない。

しかし、わからないから放っておいていいというわけではないだろう。価値観や文化的な背景の違う人びととも、どうにかして共有できる部分を見つけて、最悪の事態である戦争やテロを回避するのが外交であり国際関係だ。

好むと好まざるとにかかわらず、国際化する社会を生きていかなければならない日本の子どもたちに、より必要な能力はどちらだろう。もちろん協調性がなくていいとは言わないが、日本の子どもたちは世界標準から見れば、まだまだ集団性は強い方だ。ならばプラスαの能力として、これからの教育が子どもたちに授けていかなければならないのは、この「社交性」の方なのではないか。

落書き問題

読者諸氏は、PISA調査（Programme for International Student Assessment）という名前を聞いたことがあるだろう。OECD（経済協力開発機構）が、参加各国の一五歳を対象に三年ごとに行っている世界共通の学力調査だ。

調査項目は「読解力」「科学的リテラシー」「数学的リテラシー」、そして二〇〇九年からは一部の国で「デジタル読解力」が実施されている。このうちの、特に「読解力」の項目で、日本の子どもたちの成績が、二〇〇〇年の八位から、一四位、一五位と徐々に後退して、これが学力低下問題の議論の発端となった。

実際には、参加国数が、三二、四一、五七、六五ヵ国と増えてきたこと、上位国の差は僅差であって日本の成績が有意に下がっているわけではなかったことなどを見れば、これはいかにも結論ありきの「ためにする議論」であった。また、二〇〇九年には、日本は八位と少し盛り返している。

また、これはあまり指摘されていないことだが、近年の調査では人口五〇〇〇万人以上の国で、日本よりも上位にランクされている国はない。いろいろな要因があるのだろうが、結果としてＰＩＳＡ調査は、小さな国に有利になっている。そして、驚くべきことに二〇〇九年のＰＩＳＡ調査では、初登場の「上海」が一位に躍り出た。これは意表を突くものであった。ＰＩＳＡ調査は国ごとに参加するものだと私たちは思っていたのだが、地域で参加して、ものの見事に一位をかっさらっていってしまった。善し悪しは別にして、こういった発想は日本人にはあまりない。

日本の話に戻る。

もちろん、日本の子どもたちの学力に、まったく問題がなかったわけではない。たとえば日本の子どもたちは一般に、白紙回答率が高いと言われている。学びのモチベーションが低下しているので、少しわからない問題があると、回答欄に何も書かずに試験を終えてしまうのだ。

あるいは、複数以上の回答がある問題に対しての白紙回答率が高かったとも言われている。日本の学校では、教員が正解を抱え持っていて、生徒がそれを当てるような授業を続けてきたために、複数の回答がある設問に対して、子どもたちは何を聞かれているのかさえわからずに戸惑ってしまうのだ。

この手の設問で、日本の教育界にショックを与えたのが「落書き問題」と称される設問だった。以下、その内容を少し端折って書く。

ネット上に、「学校の壁に落書きが多くて困っている」という投書があった。一方で「いや落書きも、一つの表現ではないか。世の中にはもっと醜悪な看板が資本の力で乱立しているではないか」という投書があった。

「さて、どうでしょう?」

という設問である。「さて、どうでしょう?」と聞かれても、日本の多くの子どもたちは、何を聞かれているのかさえわからなかった。落書きは悪いに決まっているから。

私は設問を少し変えて、学生たちに問うてみる。

「では、落書きが許される場合は、どんな場合でしょう。自分のことでもいいし、社会的にでもいいです」

学生たちは少し考えてから、以下のような発言をする。

「その落書きを気に入ったら」……正解。

「その落書きに芸術的な価値があったら」……正解。

「すぐに落とせるものなら」……なるほど、寛容だね。正解。

中学生から得た答えで私が気に入ったのは、「明日、取り壊し予定だったら」……この視点の転換はとても素敵だ。正解。

そして、数百人に一人だが、一定の割合で次のような答えをする学生がいる。

「独裁国家だったら」

もしもあなたが、独裁国家の日本大使館に勤務していて、壁に「打倒○○体制」と落書きされたとしたら、「まったく落書きをするなんてけしからん。道徳がなっとらん」と嘆くだろうか。その、命がけで書かれたはずの落書きを、公衆道徳の問題だけで片づけられるだろうか。

フィンランド・メソッド

落書き問題が問いかけているのは、文化や国家体制が違えば、落書きさえも許される局面があるという点だ。そして、落書きでしか表現の手段がない人びとにも思いを馳せるという能力こそが、PISA調査が求める異文化理解能力の本質だ。

さて、このPISA調査で、毎回上位に名を連ねるのがフィンランドである。

以来、フィンランドの教育方法が注目を集め、「フィンランド・メソッド」なる言葉まで生まれ、いまも教育関係者の視察が相次いでいる。フィンランドの国語教科書は翻訳・出版もされているので、関心のある方はご覧になっていただきたい。

特にそこで注目して欲しいのは、各単元の最後が演劇的な手法を使ったまとめになっている箇所が、数多くある点だ。

「今日読んだ物語の先を考えて人形劇にしてみましょう」

「今日読んだ小説の、一番面白かったところを劇にしてみましょう」

「今日のディスカッションを参考にして、ラジオドラマを作ってみましょう」

といった具合だ。

ここにはどんな意味があるのだろう。

フィンランド・メソッドに象徴されるヨーロッパの国語教育の主流は、インプット＝感じ方は、人それぞれでいいというものだ。文化や宗教が違えば、感じ方は様々になる。前章までで説明してきたように、車内で他人に声をかけるという行為一つとっても、それを失礼だと感じる人もいれば、声をかけなければ失礼だと感じる人もいる。これは内面の自由、良心の自由に関わることなので、強制することはできないし、教育の場でそれを一律にしてはいけない。特に宗教などが違うと、これを強制することは人権問題にまでなる。

しかし、多文化共生社会では、そういったバラバラな個性を持った人間が、全員で社会を構成していかなければならない。だからアウトプットは、一定時間内に何らかのものを出しなさいというのが、フィンランド・メソッドの根底にある思想だ。

これは現行の日本の国語教育と正反対の構図になっていることがわかるだろう。私たちは、「この作者の言いたいことは何ですか？　五〇字以内で答えなさい」といった形でインプットを狭く強制され、一方でアウトプットは個人の自由だということで作文やスピーチでお茶を濁してきた。しかし、現実社会は、どちらに近いだろうか。アウトプットがバラバラでいいなどという会社があったら、即刻潰れてしまうだろう。しかし、どの企業も多様な意見や提案を必要としている。問題は、その多様な意見を、どのようにまとめていくかだ。

フィンランドの教育においては、いい意見を言った子どもよりも、様々な意見をうまくまとめた子が誉められると聞く。

日本では、A、B、C、D、Eと様々な意見が出て、最終的な結論がBとなったら、B君が先生に誉められる。あるいはユニークな意見を言ったCさんが誉められるかもしれない。しかしフィンランドでは、何も意見を言わなかったとしても、F君が全体のとりまとめをしたとしたら、彼が一番誉められる。日本でそんなやり方をしたら、「F君は、何も意見を言っていなくて、ただまとめただけなのに誉められるなんてずるい」と言われるかもしれない。

OECDがPISA調査を通じて求めている能力は、こういった文化を越えた調整能力なのだ。これを一般に「グローバル・コミュニケーション・スキル（異文化理解能力）」と呼び、その中でも重視されるのが、集団における「合意形成能力」あるいはそれ以前の「人間関係形成能力」である。

「みんなちがって、たいへんだ」

このような話を教育関係の講演会ですると決まって、「あ、金子みすゞですね。『みんなちがって、みんないい』ですね」と言う先生方がいる。私はそうは思わない。そうではないのだ。

「みんなちがって、たいへんだ」

という話をしているのだ。

OECDの基本理念は、多文化共生にある。

多文化共生とは何か。それは、企業、学校、自治体、国家など、およそどんな組織も、異なる文化、異なる価値観、異なる宗教を持った人びとが混在していた方が、最初はちょっと面倒くさくて大変だけれども、最終的には高いパフォーマンスを示すという考え方だろう。

先に見たように、成長型の社会では、ほぼ単一の文化、ほぼ単一の言語を有する日本民族は強い力を発揮した。しかし、成熟型の社会では、多様性こそが力となる。少なくとも、最新の生物学の研究成果が示すように、多様性こそが持続可能な社会を約束する。

だとすれば、これから国際社会を生きていかなければならない子どもたちには、「最初はちょっと大変だけれど」の、その「大変さ」を克服する力をつけていこうというのがPISA調査の最大の眼目だろう。

しかし日本では、調査結果のじり貧状態だけに目がいって、学力低下の議論が巻き起こり、教科学習のコマ数を増やし、せっかく作られた総合的な学習の時間を減らすという愚挙が行われた。二〇〇〇年代後半の日本の教育政策がいかにトンチンカンなものになっていたかがわかるだろう。それはある種の教育の鎖国状態と呼んでもいい。

みんなちがって、たいへんだ。

しかし、この「たいへんさ」から、目を背けてはならない。

いい子を演じる

私は、これまで何度か、不登校や引きこもりの子どもたち、そしてその保護者の方たちと演劇を通じておつきあいをしてきた。

不登校は、中学校から学校に行けなくなるケースが圧倒的に多い。そしてその多くが、それまで、いわゆる世間で言うところの「いい子」だった場合が多いようだ。

そして彼らは口を揃えて、

「いい子を演じるのに疲れた」

と言う。私は演劇人なので、そういう子たちには、

「本気で演じたこともないくせに、軽々しく『演じる』なんて使うな」

といった話をする。

もう一つ、彼らが言う口癖の一つに、

「本当の自分は、こんなじゃない」

というものがある。私は、そういう子たちには、

「でもさ、本当の自分なんて見つけたら、たいへんなことになっちゃうよ。新興宗教の教祖にでもなるしかないよ」

と言うことにしている。

大人は、様々な役柄を演じ分けながら生きている。夫／妻という役割、父親／母親という役割、会社員という役割、親と同居していれば子どもという役割、他にもＰＴＡの役員

の役割や、週末はボランティア活動のＮＰＯのメンバーの役割もあるかもしれない。

私たちは、多様な社会的役割を演じながら、かろうじて人生の時間を前に進めていく。

そんなことは、みな知っているはずなのに、子どもたちには、「本当の自分を見つけなさい」と迫る。それは大人の妄想だろう。あるいはこれも、形を変えたダブルバインドと言えるかもしれない。

科学哲学が専門の村上陽一郎先生は、人間をタマネギにたとえている。タマネギは、どこからが皮でどこからがタマネギ本体ということはない。皮の総体がタマネギだ。人間もまた、同じようなものではないか。本当の自分なんてない。私たちは、社会における様々な役割を演じ、その演じている役割の総体が自己を形成している。

演劇の世界、あるいは心理学の世界では、この演じるべき役割を「ペルソナ」と呼ぶ。ペルソナという単語には、「仮面」という意味と、person の語源となった「人格」という意味が含まれている。仮面の総体が人格を形成する。ただし、その仮面の一枚だけが重すぎると、バランスを欠いて、精神に支障をきたす。

演じるサルとして

この「いい子を演じる」という問題を、私は一〇年以上、各所で語り、書き連ねてきた。しかし、その中でもショックだったのは、秋葉原の連続殺傷事件の加藤智大被告の発言だった。報道によれば、犯行前、加藤被告は、携帯サイトの掲示板に、以下のように記していたという。

「小さいころから『いい子』を演じさせられてたし、騙すのには慣れてる」

私は、「演じる」ということを二〇年近く考えてきたけれど、一般市民が「演じさせられる」という言葉を使っているのには初めて出会った。なんという「操られ感」、なんという「乖離感」。

「いい子を演じるのに疲れた」という子どもたちに、「もう演じなくていいんだよ、本当の自分を見つけなさい」と囁くのは、大人の欺瞞に過ぎない。

いい子を演じることに疲れない子どもを作ることが、教育の目的ではなかったか。あるいは、できることなら、いい子を演じるのを楽しむほどのしたたかな子どもを作りたい。

日本では、「演じる」という言葉には常にマイナスのイメージがつきまとう。演じることとは、自分を偽ることであり、相手を騙すことのように思われている。加藤被告もまた、「騙すのには慣れてる」と書いている。彼は、人生を、まっとうに演じきることもできなかったくせに。

人びとは、父親・母親という役割や、夫・妻という役割を無理して演じているのだろうか。多くの市民は、それもまた自分の人生の一部分として受け入れ、楽しさと苦しさを同居させながら人生を生きている。いや、そのような市民を作ることこそが、教育の目的だろう。演じることが悪いのではない。「演じさせられる」と感じてしまったときに、問題が起こる。ならばまず、主体的に「演じる」子どもたちを作ろう。

霊長類学者山極寿一氏によれば、ゴリラは、父親になった瞬間に、父親という役割を明らかに「演じている」という。これが他の霊長類との違いだろうと氏は指摘する。

しかし、そのゴリラも、同時にいくつかの役割を演じ分けることはできない。父親になった瞬間に、たしかにそれまでの個体とは違う人格（ではなくゴリラ格）を演じているのだが、そこでは前の役割は捨て去られる。

人間のみが、社会的な役割を演じ分けられる。

私たちは、演じるサルなのだ。

わかりあえないことから

これまで見てきたように、日本社会には、水平方向（会社などの組織）にも、垂直方向（教育システム全体）にも、コミュニケーションのダブルバインドが広がっている。

だが、実は私は、この「ダブルバインド」を、決して単純に悪いことだとは思っていない。それは苦しいことだけれど、その苦役は日本人が宿命的に背負わなければならない重荷だろう。

ただ、いまの日本社会では、漱石や鷗外が背負った十字架を、日本人全員が等しく背負わなければならない。かつては知識階級だけが味わった苦悩を、いまは多くの人びとが、苦悩だと意識さえしないままに背負わされる。漱石ほどの天才でも、ロンドンでノイローゼになったのだ。鷗外ほどの秀才が、「かのように生きる」と覚悟を決めなければ、このダブルバインドを乗り越えることはできなかったのだ。

ならばまず、このダブルバインドの状況をはっきりと認識し、そこと向きあうことから始めるしかないだろう。

わかりあう、察しあう古き良き日本社会が、中途半端に崩れていきつつある。私たち日本人も、国際化された社会の中で生きざるをえない。

しかし、言語やコミュニケーションの変化は、強い保守性を伴うから、敗戦や植民地支配のようなよほどの外圧でもない限り、一朝一夕に大きく変わるというものでもない。

私たちは、この中途半端さ、この宙づりにされた気持ち、ダブルバインドから来る「自分が自分でない感覚」と向きあわなければならない。

わかりあえないというところから歩きだそう。

湿潤で美しい島国で育った私たちには、それを受け入れることは、つらく寂しいことかもしれない。「柿くへば」を説明することは、とても虚しいことかもしれない。しかし、おそらく、そこから出発する以外に、私たちの進む道はない。

石黒先生と作ったアンドロイド演劇『さようなら』では、死に行く少女に「もっと励ます詩を読んで」と言われたアンドロイドが、若山牧水の歌を詠む一節がある。

いざ行かむ　行きてまだ見ぬ　山を見む　このさびしさに　君は耐ふるや

あとがき

再び、富良野について

富良野に通うようになってから一〇年が過ぎた。この間、市内すべての小中学校でモデル授業を行い、いま、その事業は私の手を離れて、さらなる広がりを見せている。

富良野でモデル授業を行っていて面白いのは、保護者や地域の方たちの見学者の数が異常に多いという点だ。本文冒頭に掲げた布部小学校でも、あるいは他の小規模校でも、十数名の全校生徒対象の授業に、生徒と同じか、それ以上の大人たちが見学に来る。要するに、お母さんはもちろん、お父さんたちも農作業を休んで見学に来る。あるいは子どものいない近隣の大人たちも見学に来る。

富良野は、ラベンダー栽培という第一次産業が、観光という第三次産業に転化した成功体験を持っている。あるいは、様々な食品加工業なども、この富良野の地で生まれているから、いまの流行りの言葉でいえば、農業の「高度化」「六次産業化」に成功した典型的な地域とも言える。

その成功体験があるので、農家の方と話していても、

「自分たちは農家だし、また自分の子どもにも農業を継いでもらいたいけれども、これからの日本の農業は、高価格高品質の付加価値で勝負していくしかない」

ということを、実感として強く抱いている。それ故に、

「だから、農家こそ、新しい発想や、消費者のニーズをくみ取る柔軟性、コミュニケーション能力や国際性が必要だ。農業こそが創造産業だ」

ということを考えている。そのために、私のような者の授業にも、多くの見学者がやってくる。

実際、富良野は、富良野ブランドを確立しており、「富良野メロン」「富良野カボチャ」といった無農薬、高品質のブランド産品は強い競争力を持つ。観光は、完全に脱『北の国から』を目指し、新しい観光スポットを次々に誕生させている。街には英語、韓国語、中国語の表記が溢れ、すでに国際観光都市の様相を呈している。

二〇一三年度には、富良野高校に道内初の演劇を組み込んだコースが新設される。まだ

札幌にもない新しい取り組みを行うのだ。もちろんこれは、プロの演劇人を育成するためのコースではない。二〇年後、三〇年後の農業と観光の町富良野を支える、豊かな発想と表現力をもった人材を育成するプログラムだ。

『フラガール』

小泉純一郎元首相は、就任当時しきりと、「構造改革には痛みが伴う」という言葉を口にした。国民の多くは、その雄弁に納得し、改革路線を支持した。だが、その「痛み」の本質を人びとは理解していたか。あるいは小泉氏本人も、理解していたのだろうか。

大ヒットした映画『フラガール』（李相日監督）は、衰退する常磐炭田の炭鉱労働者の娘たちが、ハワイアンのダンサーになっていく物語だった。この秀作には、元ネタと言ってもいい二つのイギリス映画がある。一つは、やはり炭鉱労働者を題材にし、そのブラスバンドチームの活躍を描く『ブラス！』。そしてもう一つは、鉄鋼産業の町を舞台にした『フル・モンティ』である。

『ブラス！』は、閉鎖されていく炭坑を舞台に、直接的にサッチャー政権の構造改革路線を批判した映画である。

一方、『フル・モンティ』では、失業した鉄鋼労働者たちが、離婚した妻を見返したい、子どもをサッカーに連れて行ってやりたいといった理由から一念発起して、男性ストリップのショーを計画する。これはまさに、産業構造の転換に伴う心の痛みを象徴した映画だった。

第二次産業に従事する人々が第三次産業に転換していくことは、他人には理解できないほどの大きな痛みを伴う。それは服を脱ぎ捨てて裸身を公衆の面前にさらすほどの恥辱なのだ。産業構造の転換には、必ず古い産業へのノスタルジーがつきまとう。そして、そのノスタルジーを振り切るには、相当の迷いや苦しみが伴うだろう。

本来、私たちが、国民全体で分かちあうべきは、この精神の痛みではなかったか。小泉政権の五年間で、たしかに構造改革は進んだのかもしれない。しかし、本当に国民が分かつべき、脱工業社会への「精神の構造改革」は進まず、いまになって、その「痛み」の部分だけが、無意識のうちに一部の弱者に押しつけられている。

構造改革を声高に叫びながら、一方で、そこに乗り遅れた者たちは、社会の歯車の一つとして働くことが強いられる。これもまた、形を変えたダブルバインドとも言えるだろう。

希望はどこにあるのか

国家と国民の幸福がほぼ重ねあわせであった時代なら、人びとは巨大な組織の歯車として、各人が、与えられたただ一つの役割だけを演じていればよかったのかもしれない。

しかし私たち日本人はこれから、「成熟」と呼べば聞こえはいいが、成長の止まった、長く緩やかな衰退の時間に耐えなければならない。その痛みに耐えきれずに、いずれの国も金融、投機という麻薬に手を出してきた。その結果が、日本のバブル崩壊であり、米国のリーマン・ショックであり、欧州の経済危機だろう。

希望はないのか？

強いリーダーシップや、その先にある戦争にしか、希望はないのか？

私はやはり、布部小学校の一一人の子どもたちの笑顔の中に、希望を見いだしたいと思う。書生論に聞こえるかもしれないが、それが机上の空論ではないことを示すために、ここまで駄文を重ねてきた。

繰り返す。多文化共生は、決して生やさしい事柄ではない。

「みんなちがって、たいへんだ」

しかし、幸いにして日本は、荒い海と、日本語という高い障壁に囲まれて、明日にも移民、難民が殺到するという国ではない。私たちにはおそらく、天恵のように、あと二〇年か三〇年の猶予が与えられている。逆に言えば、私たちに与えられた時間は、もう残り少ない。

いまから少しずつ、日本社会の各層において、様々なダブルバインドを解きほぐしていく必要がある。

恥辱や痛みに耐えながら、私たちは、古い服を脱ぎ捨てて、新しい衣装をまとい、新しい多様な仮面をかぶらなければならない。時間はかかる。その時間の重みにも耐えなければならない。

だがしかし、その道筋には、苦しみばかりが待っているわけではないだろう。

人間は、演じる生き物なのだ。

進化の過程で私たちの祖先が、社会的役割を演じ分けるという能力を手に入れたのだとするならば、演じることには、必ず、なんらかの快感が伴うはずだ。

だから、いい子を演じるのを楽しむ、多文化共生のダブルバインドをしたたかに生き抜く子どもを育てていくことは夢物語ではない。

演劇は、人類が生み出した世界で一番面白い遊びだ。きっと、この遊びの中から、新しい日本人が生まれてくる。

二〇一二年　秋

講談社現代新書　2177

わかりあえないことから——コミュニケーション能《のう》力《りょく》とは何《なに》か

二〇一二年一〇月二〇日第一刷発行　二〇一六年九月一四日第二二刷発行

著者　平《ひら》田《た》オリザ　

発行者　鈴木 哲
発行所　株式会社講談社
東京都文京区音羽二丁目一二―二一　郵便番号一一二―八〇〇一
電話　〇三―五三九五―三五二一　編集（現代新書）
〇三―五三九五―四四一五　販売
〇三―五三九五―三六一五　業務
装幀者　中島英樹
印刷所　凸版印刷株式会社
製本所　株式会社大進堂
定価はカバーに表示してあります　Printed in Japan

N.D.C. 910　230p　18cm
ISBN978-4-06-288177-7

「講談社現代新書」の刊行にあたって

教養は万人が身をもって養い創造すべきものであって、一部の専門家の占有物として、ただ一方的に人々の手もとに配布され伝達されうるものではありません。

しかし、不幸にしてわが国の現状では、教養の重要な養いとなるべき書物は、ほとんど講壇からの天下りや単なる解説に終始し、知識技術を真剣に希求する青少年・学生・一般民衆の根本的な疑問や興味は、けっして十分に答えられ、解きほぐされ、手引きされることがありません。万人の内奥から発した真正の教養への芽ばえが、こうして放置され、むなしく滅びさる運命にゆだねられているのです。

このことは、中・高校だけで教育をおわる人々の成長をはばんでいるだけでなく、大学に進んだり、インテリと目されたりする人々の精神力の健康さえもむしばみ、わが国の文化の実質をまことに脆弱なものにしています。単なる博識以上の根強い思索力・判断力、および確かな技術にささえられた教養を必要とする日本の将来にとって、これは真剣に憂慮されなければならない事態であるといわなければなりません。

わたしたちの「講談社現代新書」は、この事態の克服を意図して計画されたものです。これによってわたしたちは、講壇からの天下りでもなく、単なる解説書でもない、もっぱら万人の魂に生ずる初発的かつ根本的な問題をとらえ、掘り起こし、手引きし、しかも最新の知識への展望を万人に確立させる書物を、新しく世の中に送り出したいと念願しています。

わたしたちは、創業以来民衆を対象とする啓蒙の仕事に専心してきた講談社にとって、これこそもっともふさわしい課題であり、伝統ある出版社としての義務でもあると考えているのです。

一九六四年四月　野間省一